布什王朝

主宰美国的豪门世家

吴韵汐 ◎ 著

时事出版社

序
布什家族：你不知道的历史

2015年初，杰布·布什宣布将参加2016年的美国总统竞选。这个消息犹如巨石掀浪，引发民众和媒体一片哗然。人们惊呼，如果杰布·布什能够当选，那么美国人民将会看到布什家族的成员第六次在白宫宣誓。因为他的父亲老布什曾经就任两届副总统和一届总统，他的哥哥小布什曾经连任两届总统。

还有人计算，作为政治豪门，布什家族与14名总统有血亲关系。杰布·布什的参选，再次将布什家族推上舆论巅峰，而杰布·布什最大的竞争对手希拉里同样来自政治家族——克林顿家族。这让一部分美国业内人士感到不安。因为美国一直呼喊民主，反对贵族专权，可无论杰布·布什和希拉里谁当选，都意味着除了奥巴马的两届连任，从1989年以来美国将被两个家族轮番统治。

事实上，因为家族的背景，选举人当然可以因为家族姓氏的知名度，而更快速地被人们熟悉与了解，更快地获得政客的支持以及获得更多的竞选资金。当然，也会因为家族成员的公众形象而背负某种名声负债。这其中的利与弊，都来自家族品牌的力量。

对于政治家族来说，后辈们几乎不用去学习，就可以耳濡目染到权力的运作过程。翻开布什家族的历史，从石油大亨塞缪尔·布什的儿子普雷斯科特与华尔街大亨沃克的女儿多萝西联姻开始，就注定了这个家族的不平凡。

二战后，普雷斯科特进入军工业，积累了更多财富，并与当时的总统艾森豪威尔建立了良好的私交，所以当他想要走上政治之路的时候，得到了莫大的支持。1950年，他竞选联邦参议员成功。

普雷斯科特的儿子继承了他的全部优点，有适宜经商的睿智，也有适合从政的圆滑。因为家族后来的政治传承，人们习惯于将他称为"老布什"。

老布什与小布什是一个十分引人注目的政治组合，他们的政治生涯充满争议也有诸多传奇。在30年的历史阶段中，他们发动了几次影响巨大的战争，承受着荣耀和批评。

布什家族中，有人挥手与政治告别，有人正摩拳擦掌冲向政治巅峰，无论结局如何，这一个家族的故事，都将载入史册。

目录
Contents

第一部分
前传·布什家族的兴起

诞生总统的发源地　＼　003

漆在飞机上的浪漫爱情　＼　007

球场上追逐的两位总统　＼　016

做一个政治家的孩子比政治家更不易　＼　027

爱上杜威猫　＼　047

第二部分
辉煌·总统之路

一个好汉三个帮　＼　071

得克萨斯的新州长　＼　084

小布什时代的到来　＼　099

问鼎白宫 \ 109

第19频道的竞选厮杀 \ 124

总统选举史上最疯狂的一次选举 \ 141

巅峰对决 \ 160

由干细胞引起的争论 \ 171

美国历史不能忘记"9·11" \ 197

阿富汗战火 \ 208

为正义,还是利益 \ 214

第三部分
今生·布什王朝后继有人

循规蹈矩的"上帝宠儿" \ 221

小小布什再创辉煌 \ 227

正面荣耀与负面资产 \ 233

"最容易接近的州长" \ 236

又一个布什总统来了? \ 240

第四部分
拓展·盘点美国政坛另外"四大豪门"

亚当斯家族 \ 247

罗斯福家族 \ 253

肯尼迪家族 \ 263

克林顿家族 \ 272

后记 \ 278

第一部分
前传

布什家族
的兴起

诞生总统的发源地

一个人可以成就一种环境，一种环境也能成就一个人。小布什出生在一个豪贵家族里，这一与生俱来的优越条件，是他生命里最初的资本。

光阴回溯到19世纪下半叶，小布什的曾祖父塞缪尔·布什来到了俄亥俄州，经过一番精挑细选后，他在哥伦布市场外的拜克斯雷建起了一栋豪华别墅。对于一个普通人来说，这简直是想都不敢想的，但对于塞缪尔来说，却是再平常不过了。他不仅是克利夫兰的联邦储备银行主席，更是当年赫伯特·胡佛总统面前的红人。另外，他还是伯克利钢铁铸造公司的总裁。无论是在政界，还是在商界，他都是炙手可热的人物。

1895年，塞缪尔的独生子普雷斯科特·布什出生。读耶鲁大学几乎成了布什家族人的传统，普雷斯科特后来也就读于耶鲁大学，并加入了校里的棒球队和橄榄球队。

普雷斯科特酷爱运动，除了棒球、橄榄球，高尔夫球也是他的最爱，甚至有一年他夺得了高尔夫球全美高级锦标赛的冠军。他有着惊人的记忆力，对于众多同学的名字从来不会记错。所以，在同学之间，他是个非常受欢迎的朋友。

普雷斯科特有着超级大嗓门，说起话来仿佛嘴巴上罩着一个隐形喇叭一般。所以，每当学校里有合唱活动时，他总是当仁不让地担任领唱。

布什家族的血脉里，似乎遗传着一种不安于平淡的基因。在这个家族里，每个人都像是一枚光芒四射的太阳，为了心中的梦想，他们努力去奋战，勿论荆棘，勿论雨雪。年少时的普雷斯科特能参加了1916年得克萨斯与墨西哥边境地区的战争，并最终被任命为指挥一支野战炮兵分队的陆军上尉。第一次世界大战爆发后，他还曾被派到法国前线。

1919年的夏天，普雷斯科特与多萝西·沃克订婚。两年后，他们在肯耐邦克波特的圣安教堂举行了婚礼。从那以后，这座教堂几乎成了布什家族与沃克家族举行婚礼的专门场所，在古老的十字架下，在牧师的祝福中举行了一场场唯美浪漫的婚礼。

他们最后定居于康涅狄格州的格林威治，在这里，夫妻俩养育了五个可爱的孩子——乔治（即老布什）、小普雷斯科特、乔纳森、威廉、南希。

普雷斯科特酷爱体育，甚至要求妻子和孩子们也成为优秀的运动员。对于天性活泼的孩子们来说，这未尝不是一件好事。在父亲的严格要求下，他们强健了体魄，为以后的漫漫人生路打下了最重要的基础。

普雷斯科特和多萝西有着一套独到的教育理念。他们希望孩子们之间能够自由竞争，并经常为孩子们提供自由竞争的平台，比如跑步、打球等体育竞赛。就这样，当别的孩子还不知道"竞争"为何物时，布什家族的孩子们已经在父母的要求下展开了激烈的"竞争"。

这种竞争不仅仅是一种游戏，更是一种激励。夫妻俩会根据孩子们的成绩来排名次，对于孩子们来说，"争第一"是他们永恒追求的目标。后来，这五个孩子每一个都成为了出类拔萃的人物。小普雷斯科特成为了纽约一家大保险公司的总经理，乔纳森成为了纽约一家大经纪公司的董事长，南希嫁给了马萨诸塞州的富翁亚历山大·埃利斯，威廉则当上了圣路易斯博特曼银行的总经理。而乔治，则成为了万众瞩目的美国总统。

乔治是普雷斯科特的第二个儿子。幼年的教育，在他的性格里留下了深深的烙印。无论身处哪个领域，他总会成为那个最优秀的人。普雷斯科特将他送到了马萨诸塞州安多弗的菲利普斯学院学习，希望他能够在这所全美国最好的预科学校里为以后的人生路打下坚实的基础。

乔治的表现果然没有让父亲失望。1942年，18岁的乔治从中学毕业，并加入了海军。在他毕业的前一年，曾在一次舞会上认识了一位美丽的姑娘，她叫芭芭拉·皮尔斯，仅仅是那一眼，乔治便深深地沉陷其中。经过朋友引荐，他得知芭芭拉是一位杂志出版商的宝贝女儿，当时刚16岁，正在读高中。

更令乔治兴奋的是，芭芭拉对自己似乎也很有兴趣，很快，两个年轻人便坠入爱河。虽然他们年龄不大，但是两个人的心理都非常成熟。后来，每每有人问起他们的年龄，他们总要往大说一些。

然而，就在他们沉浸在甜蜜的爱情中时，太平洋战争爆发了。身为热血男儿，战场是报效祖国最好的地方。乔治决定投笔从戎，去战场上挥洒自己的满腔热忱。

人生中总要面临各种各样的取舍。勇敢果断是布什家族人的特点，虽然不舍，但乔治还是离开了自己的温柔富贵乡，离开了家人与心爱的姑娘，与1942年6月12日在波士顿宣誓入伍，正式成为了美国海军航空兵的飞行学员。

漆在飞机上的浪漫爱情

对于一份耐得住考验的爱情来说，距离是一种黏合剂，不仅不会让两个人的关系淡漠，反而会使其思之如狂。乔治与芭芭拉的爱情，便是如此。

芭芭拉是一个率真热情的女孩子。在乔治进行高级飞行训练的时候，她主动来到了乔治家里，大方地公布了自己和乔治的关系。这对乔治来说是一个莫大的惊喜，也就在此时，他们订下了秘密婚约。

1943年12月，乔治登上了开赴太平洋战区的航空母舰。等待他的，将是一场生死决战。

战场上的情况永远无法预测，或许前一秒还海阔天空，后一秒就山崩地裂。有一次，第51鱼雷轰炸机中队归来，一架战斗机在降落时出了差错，一时失衡撞上了炮塔，飞行员和炮塔上的人顷刻殒命。那个炮手的大腿被硬生生砸断，血淋淋地掉落在乔治面前。他甚至能看到，那条腿还在颤动。

还没等乔治从这种惊悚中缓过来，负责甲板勤务的军官就大喊道："还不快来人把这个脏东西扔到大海里去！"

那时候，还有很多飞机在空中盘旋，等待着降落。如果不赶紧清理甲板，可能还会有更危险的事情发生。

这件事给了乔治不小的震撼。那时，他已经是海军少尉，驾驶着"复仇者"式鱼雷轰炸机，机组共有三人，除了他，另外两人是前舱炮手利奥·纳德和无线电报务员兼后舱炮手杰克·德莱尼。这件事让乔治感到了生命的渺小与脆弱，越是有这种感觉时，他越是想念心爱的姑娘芭芭拉。对他来说，是她让他心中充满了斗志，也是她让他有了坚守战场的勇气。哪怕只是为了能与她见上一面，他也要活着回去。所以，他决定把这架飞机命名为"芭芭拉"号，希望他们能一切平安。

在这三个小伙子中，只有乔治订了婚，所以对于他的提议另外两人欣然答应。利奥·纳德还爬上飞机，用一英寸长的字母把"芭芭拉"这个名字漆在了飞机上。

爱情，成了乔治最强大的精神支撑。1944年圣诞节前夕，乔治终于平平安安地回到了家里。这期间，他曾多次面临死亡的威胁，幸运的是，他一次又一次地死里逃生。他的归来，让家人欢喜不已，而等待许久的芭芭拉，也终于迎来了爱情的果实。

1945年1月6日，乔治与芭芭拉举行了浪漫的婚礼。随后，一家人搬到了康涅狄格州纽黑文市，在爱德华兹大街281号的一所小房子里住了下来。几个月以后的一天，芭芭拉惊喜地发现，自己怀孕了。

1946年7月，芭芭拉即将临盆。她的母亲特意带了一瓶蓖麻油给她，希望能减轻女儿分娩的痛苦。7月6日夜里12点多，芭芭拉出现了临产迹象，乔治赶紧将妻子送到了纽黑文医院。早上7点26分，乔治·沃克·布什，也就是被人们称为"小布什"的他降生了。

小家伙只有6磅重，可那嘹亮的啼哭声仿佛在刻意吸引人们的注意。

家里人为小布什举行了洗礼仪式，乔治的很多同学听说他的儿子出生了，都纷纷赶来看望。没多久，他们便搬到了位于希尔豪斯大街37号的一栋豪宅里。住在隔壁的是耶鲁大学的校长查理·西摩，两家人相处得非常融洽。

幼年的小布什是一个喜欢引人注意的孩子，如果没有人注意他，他会感到不安，甚至会因此搞出各种声响来引起人们的关注。小家伙似乎时时刻刻都需要大人的陪伴，照顾他的外婆甚至不喜欢和他待在一个房间，因为她的目光必须时刻停留在他的身上，只要她转移视线，小家伙就仿佛受到伤害一样。

那时候，小布什的父亲乔治正就读于耶鲁大学，攻读经济学。儿子的降生，给他带来了莫大的鼓舞。在接下来的时间里，他仅仅用了两年半的时间就完成了原本需要四年才能完成的大学学业，不仅获得了经济学学士学位，还获得了"优异大学生"的荣誉称号。

从耶鲁大学毕业后，乔治曾与妻子芭芭拉计划开一座农场。不过，这终归只是一个充满着罗曼蒂克色彩的美好梦想，当他们着手准备时，发现实践要比想象难得多。摆在他们眼前的首要任务，就是需要一大笔钱来买地、买设备。由于经济条件有限，他们最后不得不放弃了这个构想。

其实，他们的家庭都非常富裕，只不过两个人都是独立而要强的人，不愿意向家里要钱。他们想要的，是凭借自己的双手搏一方晴空。值得一提的是，芭芭拉家族里的一位先人——富兰克林·皮尔斯曾担任过美国总统。虽然身为女子，但是芭芭拉身上有着男人般的勇敢与骄傲，而这种特质，也在小布什身上得到了遗传与发扬光大。

尼尔·马龙是普雷斯科特的好朋友，每当普雷斯科特准备进行投资或做一些重大决策时，总会向他请教。在乔治处于毕业的岔路口时，马龙的一句话决定了乔治接下来的方向。他说：有一份在国际钻塔和设备公司实习的工作正等着乔治呢。

这家公司是翠色的下属企业，位于得克萨斯州的奥德萨。那时石油行业大有前途，马龙的话让乔治很是动心。当他和妻子芭芭拉说起这件事时，两个人一拍即合，当即决定前往西得克萨斯。

1948年的春天，乔治开着一辆红色斯丢德贝克汽车来到了得克萨斯州的奥德萨。那时他身上仅有3000美元的本钱，不过，家族的人脉关系网是他强有力的后盾，更是一笔无形的宝贵财富。一个星期后，妻子芭芭拉带着他们的宝贝儿子小布什也来到了这里，幸福的一家三口开始了艰辛而甜蜜的生活。

奥德萨的空气质量非常差，每一次呼吸，都有浓重的石油味道呛进肺里。天空总是弥漫着病恹恹的灰色，飘浮在人们头顶上的，分不清是云还是烟。脚下的沙漠几乎寸草不生，每当狂风袭来，大大小小的沙粒铺天盖地般席卷而来，顷刻之间便将此地变为人间地狱。

不过，这样恶劣的环境并没有吓退布什一家。他们住进了奥德萨东

17街1519号的一间公寓里,同时住在这里的还有另外一家人,两家人要共用一间浴室。后来,这家住户搬走了,取而代之的是一对一起卖淫的母女。

这样的住宿条件绝对谈不上理想,但是在当地而言,已经算是最好的了。他们拥有整个街区唯一的冰箱,对于当地人而言,这简直就是奢侈了。

那时候的奥德萨还只是一个刚刚开发起来的小地方,丰富的石油资源,吸引了大量来自东部的投资与开发财团,很快,这里成为了一座石油工人的城市。奥德萨成了男人们建立事业的天堂,在那里,几乎每个人都知道这样一句话:在奥德萨立业,在米德兰成家。

米德兰也是一座石油工业城市,不过,这里的环境要比奥德萨好上很多。没过多久,乔治便担任了公司的销售员,负责推销钻塔,每周还要到1000英里以外的地方出差,忙得不可开交。而照顾孩子的重任,便落在了芭芭拉的身上。搬到奥德萨的第二年春天,他们又随公司一起搬到了加利福尼亚。这一年,由于工作需要,他们在加利福尼亚州南南北北多次搬家,从威梯尔到文图拉,然后是皮尔泡因特的小旅馆,接下来又搬到贝克斯菲尔德,后来又搬到了坎普顿一所非常狭窄的小房子里。

1949年圣诞节前五天,夫妻俩迎来了他们生命里第二个爱情的结晶——罗宾。这个名字与小布什的外祖母相同,因为就在不久之前,小布什的外祖母在一场车祸中去世。当时,小布什的外祖父正在开车,看到要洒出来的咖啡时赶紧俯身将其握住,但是没想到车子却失去了控制,突然冲出了马路，撞到了路边的石墙。这件事给芭芭拉带来了沉重的打击，因此在这个女儿出生时，她便给她取了和母亲同样的名字。

妹妹的降生，给幼年的小布什带来了一种别样的兴奋与喜悦。没多久，一家人终于结束了颠沛流离的生活，搬到米德兰定居下来。

1953年的2月11日，芭芭拉又生下一名男孩——约翰·艾里斯·布什，家里人常叫他"杰布"。然而，命运总是充满了未知，就在一家人沉浸在喜悦之中时，一场噩梦正悄悄袭来。

芭芭拉发现，已经三岁的罗宾经常睡觉，显得异常疲倦，身上还常常莫名其妙地出现一些瘀伤。芭芭拉带她去看了当地最好的小儿科大夫，经过诊断，医生告诉她：罗宾患上了一种可怕的不治之症——白血病。

这个消息如同一层乌云，笼罩在布什家人的头顶。他们赶紧为罗宾治疗，想尽一切办法来延续她娇弱的生命。

乔治赶紧请来了在纽约一家医院里担任主任的沃尔克。把女儿的事情安排好后，乔治又投入到了忙碌的工作中。1953年，美国的石油业空前繁荣，乔治很好地抓住了这个商机，石油生意做得风生水起。

芭芭拉则在医院和家之间来回奔忙。罗宾在家休养的时候，她特意警告小布什不要和妹妹一起玩。因为她担心孩子之间的打闹会影响到罗宾的病情，甚至弄出新的伤口。

看着妹妹痛苦的样子，小布什比妹妹还要痛苦。1953年10月11日，小小的罗宾经历了七个多月的病痛折磨与数次抢救后，最终还是在纽约安静地闭上了眼睛。

小布什始终记得，与妹妹的最后一次见面，是暑假时在肯纳邦克波特的老宅里。没想到那一别，竟成为永别。

乔治和芭芭拉强忍着心中的悲痛，将罗宾的遗体捐给了科学研究机构。他们希望能找出治愈这种疾病的方法，给那些绝望的人带去希望。

他们回到了米德兰，努力装出平静的样子，没敢把这个噩耗告诉给小布什。有一天中午，小布什和同学去校长办公室，无意间看到了父母的车停在学校附近。那一刻，他仿佛看到了妹妹正坐在车的后座上，他以为妹妹的病康复了，终于回家了。兴奋而又焦急的小布什赶紧跑到老师那里请假："我爸爸、妈妈和妹妹回家了，我能去看看他们吗？"

妹妹的死是小布什心中永远的痛。时间一天天过去，慢慢地他才明白，妹妹永远也不会回来了。有一年秋天，父亲带他去看一场橄榄球比赛，小布什忽然转过头来对父亲说："我希望我就是罗宾。"乔治有些惊讶，忙问他原因。小布什说道："因为她在天上肯定比我们这儿看得清楚。"

妹妹渐渐成为了小布什心中的一个影子。他常常会问一些奇奇怪怪的问题，比如，"如果妹妹是被埋在地下的话，那么当地球自转的时候，她会不会头朝下呢？"

在很长一段时间里，芭芭拉都为此感到自责。她觉得自己和丈夫不应该欺骗小布什，因为当初没有处理好，所以留下了很多问题。事实上，失去女儿的芭芭拉也是最伤心的，从那时候起，她学会了借烟消愁，想用那些缭绕的烟圈来消解痛失爱女的悲伤。

没有了妹妹，小布什便只剩下一个与他相差七岁的弟弟。父母对这个小家伙爱宠至极,小布什也只得将对妹妹的思念转移到对弟弟的关怀上。后来,小布什又有了两个弟弟尼尔、马文以及一个妹妹多萝西。不过,他们年龄相差较大,当弟弟妹妹们可以做他的玩伴时,小布什已经长大了。

不过,小布什是个淘气的孩子,甚至还欺负过弟弟。童年时代的小布什与父亲的性格截然相反。幼年时跟着父母东奔西走,虽然那时他还不懂得世事沧桑,但是周遭环境的变换却让小小的他开了眼界。他活泼开朗,甚至活泼得有些过头——调皮捣蛋,无所不能。入学后,他更是将自己淘气的品性发挥到了极致。他喜欢搞恶作剧,读小学时,有一次老师正在上课,小布什突发奇想准备模仿当时正红的摇滚歌星"猫王",便用笔在自己的脸上画上了一道道胡须。同学们看到之后,都被逗得哈哈大笑,课堂秩序混乱不堪,老师的课也无法继续下去了。

这件事后来闹到了校长那里,校长把小布什叫到办公室狠狠地批评了一顿。不过,小布什却一副满不在乎的样子,校长为此愈发生气,给予他警告后,又让他母亲芭芭拉到学校来接他回家。

芭芭拉向来要强。她的娘家经济条件非常优越,但是她从不肯向家里要钱,她的性格与乔治非常相似。要强的人,大多又极爱面子,儿子的表现简直让她失望透了。一回到家,芭芭拉便不由分说地将小布什揍了一顿。

如果小布什是一个成绩优秀的孩子,淘气一点儿倒也无所谓,关键是他的成绩不太好。他的兴趣似乎永远不在那些书本上,倒是对爬墙、上树非常在行。他喜欢偷偷地爬到树顶上，藏在那些茂密的叶子里，等同学或老师从树下经过的时候便突然窜出来，把对方吓一跳。看着人家惊慌失措的样子，他会在"阴谋"得逞后笑得十分开心。

孩提时代的小布什，与他的父亲迥然不同。乔治从小到大，永远都是最优秀的，但是小布什却是个非常贪玩的孩子。如果非要说这对父子哪里相似的话，那便是对体育的热爱。小布什非常喜欢各种体育运动，尤其是棒球。

在美国，棒球是一项非常普遍的体育运动，无论男女老少，都对这项运动有着浓厚的兴趣。起初喜欢棒球，还是因为受到了父亲的影响。在他很小的时候，乔治经常在耶鲁大学的棒球场上进行比赛，每当此时，芭芭拉总要抱着他前去观看。渐渐长大后，则是父亲经常带着他去看棒球比赛。父亲不仅是一个优秀的棒球手，同时也是一名优秀的讲解员，每当他有不懂的地方时，父亲总会耐心地给他解答。日久天长，他对这项运动痴迷不已，对那些棒球明星们也愈发崇拜。

小布什是一个较早的"追星族"，而且追得狂热。他收集了大量的棒球明星卡片，并将这些"宝贝"珍藏在一个鞋盒子里。棒球明星的亲笔签名当然是更珍贵的，为了能得到他们的签名，他还会挑一些卡片寄给明星们，请求他们为自己签名。

这种方式或许很多追星的人都不会想到，纵然想到了，也只是想想而已，极少会去这么做。小布什大胆而果敢，这一点仿佛是布什家族的一贯特质。

球场上追逐的两位总统

兴趣是最好的老师。芭芭拉了解儿子对棒球的痴爱，决定在这方面好好地培养他。她带着小布什去找米德兰小棒球联队的教练佛兰克·伊特纳，希望他能让小布什加入棒球队参加训练。

那时候，乔治的石油生意做得风生水起，他的名气也在那里传播开来。伊特纳早就听说过乔治，还知道他是耶鲁大学棒球队的棒球高手，便欣然接收了小布什，并安排他担任小棒球联队的捕球手。

然而，小布什狂热地喜欢棒球，但似乎并没有多少打棒球的天赋。

每当棒球飞向小布什所在的垒时，他总会不由自主地往后退，而不是迎上前去接球。尽管伊特纳一而再再而三地叮嘱他，但每次上场，他还是改不了这个习惯。伊特纳简直绝望了，觉得这个孩子永远也掌握不了打棒球的技巧。多年以后，当伊特纳回忆起那段时光时依然不无感慨地说："他不是打第一垒的料，他没有那种天赋……事实上，他不是一个好的捕球手。"

不过，这并没有减少小布什对棒球的浓烈兴趣，相反，他对这项运动越来越执着。棒球队的训练已经不能满足他对棒球的热望了，学校放学后，他总要约小伙伴们在学校的运动场上打棒球。他家后面有一片空旷的洼地，甚至连这里也被他"开发"成了打棒球的场地。小布什打棒球几乎到了废寝忘食的程度，每次一玩起来就是好几个小时，直到母亲呼喊他回家吃饭，他才恋恋不舍地离开球场。

芭芭拉经常陪着他参加棒球比赛或训练，乔治忙于工作，极少有时间陪他，只有到周末的时候，他才会和儿子一起打球。早在读大学的时候，乔治就已经是名震耶鲁的棒球高手了，还一度担任耶鲁大学的棒球队队长。他的棒球技术非常高超，甚至能从背后伸手接球。

父亲的棒球技术让小布什格外震惊，身边的伙伴们也常常看得目瞪口呆。乔治成了球场上的榜样，大家不禁纷纷效仿他。后来，小布什的一位朋友回忆起当年球场的情景时说道："当他（乔治·布什）站在场外时，如果某个人击的球飞向他时，他会把戴着棒球手套的手放到背后裤腰带那个位置，然后朝前弯下腰，低下头，从背后接住飞来的球。我们也曾试图像他那样从背后接球，但球总是打中我们的后脑勺儿。"

那时，人们不会想到，球场上追逐的两父子，多年后竟先后坐上美国总统的宝座。

虽然小布什的棒球技术始终不如父亲，但是，在球场上他悟到了很多人生道理。他越来越喜欢成功的感觉，越来越渴望做一个赢家，无论是在球场上，还是在生活中。他希望自己永远是那个胜利者，头戴桂冠，俯瞰苍生。在球场上，他形成了争强好胜的性格，这种特点伴随了他的一生。尤其是在担任得州游骑兵职业棒球队长的九年时间里，他的管理能力迅速提高，人脉关系与社会声望都得到了空前的放大。对他来说，棒球既是一种运动，同时也是一种生活。

1959年的春天，乔治成为了海上石油开采公司的董事长。出于工作需要，他必须到休斯顿去处理公司事务。没多久，芭芭拉带着孩子们也搬到了休斯顿的新家。

休斯顿是一座沿海城市，蕴藏着丰富的石油资源。"二战"之后，这里得到了迅速发展，一跃成为得克萨斯州乃至全美国的石油化学工业中心。

这一年小布什小学毕业，已经是一个13岁的少年了。新的环境，也给小布什的生活也带来了新的气息。他们的新邻居大多是年轻的蓝领工人，为人直爽热情。白天，他们会挥洒汗水努力工作，当夜幕降临时，他们则举行派对饮酒狂欢。每逢周末，大家甚至通宵达旦，到处都是此起彼伏的欢呼声。

小布什本来就是个贪玩的孩子，这样的环境对他来说简直是如鱼得水。不过，乔治和芭芭拉太了解这个儿子了，为了怕他贪玩成性，他们搬过来没多久就把他送到了得州奥斯汀西北部的长角夏令营，让他在那里进行锻炼。

在夏令营里有一个"点火人"的角色，这是每一个孩子所渴望和羡慕的。小布什非常幸运地被选为"点火人"，每至夜晚，小布什便有模有样地给夏令营的营火点火。每到此时，都是他最兴奋也是最骄傲的时候，身边的小伙伴们众星捧月般围在他的身边，随着营火被点燃，大家爆发出热烈的欢呼声与喝彩声。

乔治的石油生意发展得越来越好,而他能待在家里的时间也越来越少。每天,他都要处理大量的事务,有时候还要到国外去进行商务洽谈。芭芭拉一个人将家里打理得井井有条,对孩子们的教育更是毫不松懈。母亲的勇敢与智慧,深深地影响着孩子们,小布什曾这样说道:"父亲教导我们责任与义务,母亲则教导我们如何与他人来往的为人处世之道。"

在休斯顿,乔治在短短十年的时间里一跃成为得克萨斯州西部石油界里的百万富翁,在石油界声望极高。他是个成功者的典型,也是朋友们羡慕的对象。少年时代的小布什在父母的羽翼下茁壮成长着,得州的风土人情也悄然渗透到了他的性格里。

这里有潮湿的海风,也有无垠的荒漠;这里有光泽乌亮的石油,也有鲜红耀眼的玫瑰。人们浪漫而不做作,每一个人都那样洒脱。他们大口大口地抽烟、喝酒,遇到开心的事便毫无顾忌地开怀大笑。虽然芭芭拉对小布什的管教非常严格,但是依然无法阻止少年对外界的强烈好奇心。他模仿着大人们的样子,偷偷地将烟卷叼在嘴里。听到大人们说脏话,他也跟着学起来,还觉着蛮过瘾。有时候遇到漂亮的修女,他甚至会学着那些小青年的样子戏谑几句——虽然他还只是一个13岁的少年。

父母对他简直头疼不已。要知道,布什家族的孩子几乎各个都是绝顶出色的,而这个小布什却成了"问题学生"。他成绩不好,又偏偏爱出风头,就连英文也需要补习。为了能让小布什"步入正轨",乔治决定给他换个学习环境,让他到位于马萨诸塞州安多弗的菲利普斯预科学校去学习。这是美国东部的私立名校,乔治年轻时就曾在那里就读过。那时候,他是校里的明星人物,学校的严格管理与高标准的学习要求给他留下了深刻的印象。他希望这所学校能够改变小布什贪玩的品性,让他早日成材。

为了能让小布什接受这所学校,乔治还曾带他前去感受过那里的环境。后来,小布什在自传《坚持的义务》中这样写道:"我爸爸带我看过这所学校,他与妈妈都认为我去这所学校对我很重要。我爸爸曾在该校接受过良好的教育,安多弗的这所学校是全美最优秀的学校之一。"

有一天,坐在校车上的小布什在快到站时,忽然看到车站旁正等待着接他回家的母亲。那时候小布什已经读九年级了,并不需要母亲接送上学或放学——只有小学生的母亲才会那样做。母亲的出现,让他感到诧异,但是当他从车上走下来的那一瞬间,就明白是怎么回事了。

看到小布什下车,芭芭拉迫不及待地告诉他:"祝贺你,布什,你被安多弗录取啦!"

不过,小布什并没有像母亲那样兴奋。因为对他来说,去安多弗读书,就必须离开亲人与朋友们。更重要的是,他必须不断地和朋友们解释自己去安多弗读书的原因,因为在那个年代的得克萨斯州,如果谁被送到外地去读书,多半都是出于惩罚的目的。当朋友们得知他将要去马萨诸塞州的一所寄宿学校读书时,都纷纷问道:"布什,你犯了什么错误吗?"

小布什对于父母的安排也是了然于心的,之所以送他去这么远的地方读书,终究是因为恨铁不成钢。不过,对于远方,他多多少少还是有一些憧憬的。那里的良好环境,将会为他的生活注入新鲜的空气。

乔治和芭芭拉希望安多弗的良好学习环境能够塑造儿子的品性,让他在成长的关键时期里有一个好的周身环境。近朱者赤，近墨者黑，环境对于一个人的成长有着至关重要的作用。事实证明，乔治和芭芭拉为儿子做出的选择是正确的。

小布什的成绩向来不太优秀，在竞争并不激烈的得州学校还能轻松过关，但是到了人才济济的菲利普斯预科学校，他感受到了前所未有的压力。能够来到这里读书的，几乎是全国各地的优秀学生，每一个都是出类拔萃的。入校后，学校的英文老师要求同学们写一篇曾让自己流泪的感情经历的作文，别的同学都写得文采飞扬，成绩非常不错，而小布什却得了个大大的"0"。

原来，在写到"tears（眼泪）"一词时，为了表现得有内涵一些，小布什突发奇想用别的词来代替。在词典上，他查到了"lacerates（撕伤，感情受到伤害）"一词，便写了一句"'Lacerates'顺着我的脸颊流下"。这一句话让人感到莫名其妙，他的作文老师给他打了零分后又愤怒地用红笔在他的本子上写道："羞耻! 马上来见我。"

或许是过于生气，老师的字写的极有力度，红色的墨水甚至浸透到了纸张的背面。那触目惊心的字，简直成了小布什的梦魇。有那么一段时间，他非常担心自己会因为成绩不好而不得不离开安多弗。对于自己倒是无所谓，但是他无法面对父母，那将是他们家族的耻辱。

其实，到安多弗去读书，也是布什家族的传统，正如去耶鲁大学读书一样。布什家族的人一代代都是从安多弗和耶鲁毕业的，所以对于小布什来说，这是父母的要求，同时也是自己的宿命。命定的血统，要求他成为最优秀的那个人，如果无法完成，那么他将无颜面对族人。

小布什不是一个优秀的学生。2000年的夏天，《纽约时报》在发表的介绍小布什的专题文章中提到：小布什在安多弗时，是一个来自得州的叛逆者，一个平庸的学生。所以，安多弗对小布什的印象与对他父亲乔治的印象大相径庭。

大约在20年前，就读于安多弗的乔治不仅有着最优秀的成绩，而且在体育方面也是一颗闪耀的明星。他是学生会主席，又是学校棒球队以及足球队的队长，还担任过学生委员会的财政部长，获得过"约翰·霍普金斯奖"等奖项。小布什入校时，还看到父亲年轻时的照片挂在学校的荣誉厅里。

照片里的父亲穿着棒球队制服，年轻时的父亲与此时的自己看起来竟颇为相像。小布什为此感到无上骄傲，但同时也感受到了巨大的压力。他要为父亲争光，更要为自己争气。

为了能提高成绩，小布什不得不收敛玩心，甚至付出比同学多出数倍的努力。对于一个拼命读书的人来说，时间永远是最宝贵的。小布什常常感到时间不够用，甚至在晚上十点宿舍熄灯后，他不得不趴在地板上借着走廊里微弱的灯光复习功课。

那段经历对于小布什来说是铭心刻骨的。好在功夫不负有心人，经过一番努力，他的成绩终于有了显著提高。更重要的是，这里良好的学习氛围深深地感染了他，让他渐渐改掉了以前的一些坏毛病。

小布什喜欢争强好胜，在众多出类拔萃的同学面前，他自然不甘落后。不知不觉中，他对自己的要求与标准也在提高，正如小布什自己所说："安多弗教导我向高标准看齐。我周围的同学都非常聪明，这激励我奋发上进。"

安多弗的冬天与休斯敦截然不同。当北风呼啸而来时，细密的雪花便迎风飞舞，将大地装扮成一片银色的世界。不过，小布什并没有心情欣赏美景，他对这里寒冷的气候有些不适应。多年以后的小布什在自传中这样写道："安多弗的冬天漫长而寒冷，我们仿佛被流放到了荒无人烟的西伯利亚。作为一个来自南方的得州人，我在这里认识了四个新的季节：冰雪，新雪，融雪和灰雪。"想到得州温暖和煦的阳光，想到在家时母亲的悉心照料，小布什心中的思念便如洪水般从心底涌出。

然而，无论有多少思念，他终究要藏在心底。他已经不是一个小孩子了，肩膀上有着属于自己的担当。他要发奋读书，才不至于辜负父母的厚望。

要想得到真正的历练，就必须走出父母为自己营建的温室，用自己的羽翼学会飞翔。只有在独立生活以后，才能感受到真正的成长。在安多弗的学习生活中，小布什迅速地成长并成熟起来。在这里，他懂得了如何思考，学会了如何用正确的方式进行阅读与写作。更重要的是，他发现了自己所喜爱的东西，懂得了自己想要的是什么。

小布什迷上了历史。

起初，这是由于受到了他的历史老师汤姆·尼昂的影响。这是一位年轻而富有才华的老师，他毕业于美国东部的常春藤名校布朗大学，讲起那些历史事件时总是绘声绘色，引人入胜。听他的课不仅没有压力，反而有一种享受的感觉。

汤姆·尼昂告诉小布什：历史通过过去及其教学给我们以借鉴，并帮助我们预见未来。

这句话给了小布什不小的触动。在他看来，汤姆·尼昂老师不仅是一位伟大的历史老师，更是一位能激励鞭策他人的人生导师。从此，小布什对历史产生了浓厚的兴趣，后来在就读耶鲁大学时，他选择的主修专业也是历史。

安多弗有太多优秀的事物吸引着小布什。除了历史，第二个让他产生极大兴趣的便是西班牙语。他选择"西班牙语"作为自己的外语选修课，还参加了学校的西班牙语俱乐部。在这个俱乐部里，同学们每个星期都要花上九个小时的时间来完全融入西班牙语的环境里，大家用西班牙语交流，互相学习，互相监督。

早在得州的时候，小布什就见过很多会说西班牙语的墨西哥人。在他的同学圈子里，经常有那么几个会说西班牙语的人，所以对他来说，这门语言并不陌生。经过一段时间的疯狂练习，小布什已经能说一口流利的西班牙语了。

有人说，总有一天，你会感激今天的自己。或许多年以后，当小布什在商界和政界都能如鱼得水时，他一定是感谢当年那么疯狂努力过的自己的。能说一口流利的西班牙语，对于他以后从商与从政都有着重要的铺垫作用。

在这个新的环境里，小布什也结识了很多新的朋友。在校园里总会有这样的现象：成绩最好的学生往往朋友不多，而成绩中等的学生却有一大群好朋友。小布什无疑属于后者。他的人缘非常好，无论走到哪里，都是最受欢迎的那一个。

小布什热情开朗，讲起话来又不失幽默风趣，一种极强的人格魅力由内而外地散发开来，很快就成了校园里的社交明星。

虽然小布什没有像父亲那样在体育方面表现出过人的天赋，但是随和乐观的性格使他成了安多弗公认的最棒的拉拉队队长。他很会调动队员的情绪，每次比赛，他会一面大声地吹喇叭，一面在队员前面做出各种滑稽搞笑的动作，或说出一连串令人捧腹的话语，队员们在他的带动下很快便情绪高涨，斗志昂扬。

小布什和同学们相处得非常融洽。有一张他与拉拉队队员们的合影，照片中的小布什穿着一件黑色夹克，手上拿着电话紧挨着电话亭，其他同学有的站在电话亭里，有的趴在电话亭上，还有一位更淘气的同学一只脚踩着一根铁柱，另一只脚踩着小布什的肩膀靠树而站。那一张张笑脸上写满了淘气，而那位最淘气的同学，无论如何也想不到被自己踩着肩膀的那个同学，在多年以后竟成为了美国的总统。

小布什善于交际，对他来说，结交朋友也是一种特殊的兴趣。他擅长与各种类型的人打交道，而这一点，也恰恰是他后来从政的一项天然优势。也是在这个时候，小布什发现自己具有良好的组织天赋。他曾组织了一个曲棍联盟，自己担任联盟主席，并自称"特威兹·布什"。他还任命了自己的内阁助理，包括一个主裁判与一个联盟心理医生。校园生活总是美好的，尽管小布什的成绩不是最好的，但他的朋友永远是最多的。他们还仿造身份识别证件的设计，印制了自己的会员识别卡。不过，后来校方发现了他们的"诡计"，勒令其停止该计划，小布什只好听从。在他"卸任"之前，还将他的表弟凯文·拉弗蒂选为自己的继任者。

与此同时，政治的气息也在慢慢地向布什家族蔓延。乔治在生意上赚了不少钱，对政治的兴趣也越发浓厚起来。比如，他经常参与得克萨斯州共和党的活动，为他们做一些宣传。

做一个政治家的孩子比政治家更不易

当乔治对政治的兴趣日渐浓厚时,小布什则忙着校园里形形色色的活动,打打球、交交朋友,对于政治,则没有表现出多大的兴趣。不过,乔治希望儿子能和自己一样,能在政治上有一番作为。所以,他开始刻意让小布什接触政治。当他得知亚利桑那州一名极端右翼保守的共和党联邦参议员戈德华特将到安多弗的菲利普预科学校进行演说时,立即鼓动儿子前去听他的演讲。

小布什虽然不情愿,但还是听从了父亲的话。戈德华特进行了慷慨激昂的演讲,还给听众分发了宣传自己政治主张的小册子《一个保守派的后果》。小布什对这场演讲并没有多大兴趣,不过迫于父亲的压力,还是带了一本小册子回去。

那时的小布什从没有想过,有一天自己竟然会踏上政治的舞台。就连他当时的老师也说:"我从没想过他会从事公共服务。他当时从未在这方面表现出一丁点儿兴趣。我以为他会成为一位住在格林威治的银行投资家,很开心地参加乡村俱乐部的活动。"

1963年11月22日对于美国人民来说是一个黑暗的日子。这一天,深受美国人民爱戴的肯尼迪总统遇刺身亡，很多崇拜肯尼迪的年轻人极为悲痛。在安多弗，很多同学都在谈论着这件震惊全美的事件，甚至有些同学为此悲痛落泪。但是小布什对此并没有多大反应，甚至从来不曾和同学们谈论过这件事。对于那时候的他来说，政治还是一个非常遥远的东西。

时间一晃而过。1964年的春天，小布什开始为读大学做准备。读耶鲁大学是布什家族的传统，所以对他来说，最理想的大学，便是位于纽黑文的耶鲁大学，那里也是他出生的地方。他的祖父、父亲、叔叔伯伯等都是从那里毕业的，所以，乔治希望他也能去耶鲁大学读书。

小布什当然也希望能申请耶鲁大学，不过，虽然他的成绩有所提高，但是申请耶鲁，他心里还是有些没底。贝尼迪克特主任专门负责指导学生申请大学的工作，当他看过小布什的成绩单时，立即告诉他，他的成绩与耶鲁大学的录取标准有着很大一段距离。

贝尼迪克特主任还建议他，如果一定要申请耶鲁大学，为了保险起见，应该同时再申请一个其他学校，这样才能保证他顺利进入大学。

小布什忧心忡忡。经过一番深思熟虑，他按照贝尼迪克特主任的建议，在申请了耶鲁大学后，又申请了得州的一所大学。

毕竟对耶鲁大学没有把握，所以他没敢张扬。他还和同学们说，他是在得州长大的，打算毕业后回得州去奥斯汀的德州大学读书。后来，当同学们得知他被耶鲁大学录取时，才恍然大悟，小布什当时那么说，只不过是担心自己没有被耶鲁大学录取，提前给自己铺个台阶而已。

在申请了耶鲁大学以后，小布什心里一直没底，直到有一天他去邮箱收取信件，竟惊喜地发现了一个厚厚的信封，里面装着耶鲁大学的录取通知书。

被耶鲁大学录取后，小布什兴奋不已。从那以后，他再也不和同学们说"回得州"的话了，对他来说，耶鲁大学才是他最想去的。与此同时，他的好朋友克雷·约翰逊也收到了耶鲁大学的录取通知书，两个人当即决定读大学以后做室友。

这年夏天，小布什从安多弗顺利毕业。回到休斯顿的家时，小布什被眼前壮观的一幕惊呆了：只见两层楼的家中，到处堆满了材料。还有一些人里里外外地忙活着，打电话声不绝于耳。

原来，小布什的父亲乔治正在准备参加得州的联邦参议员的竞选。

小布什的祖父普雷斯科特·布什担任康州联邦参议员长达十年之久，早就决定退出美国政坛。而乔治则决定踩着父亲的脚印，弃商从政。1962年，他竞选了得州哈里斯郡共和党委员会主席一职，并竞选成功。这一次成功，给他带来了莫大的鼓舞，他决定激流勇进，继续挑战得州的联邦参议员之职。

那时他的其他孩子年龄尚小，即将升入大学的小布什是最年长的。所以，乔治决定让小布什给自己当助手，同时也让他对政治与竞选有更多的了解。

要想拥有更多的选民，得到广大选民的支持，他们就必须到选民身边去，了解民情，同时也让选民了解自己，只有这样才能得到选民的信任，获得竞选的成功。选举的准备工作是非常复杂的，竞选演说必不可少，很多候选人都会通过竞选车队的方式进行宣传，而对于乔治来说，这也是最好的方法。

他们准备了巴士，并在上面涂写上了"布什的竞选车队"的标语。1964年7月上旬，18岁的小布什陪同父亲开始了竞选之旅。经过一番周密的计划，他们的竞选队伍终于出发了。以休斯顿为起点，他们走遍了得州的40多个城镇。乔治有着饱满的精神风貌，向所到之处的民众进行了慷慨激昂的演讲。

在竞选演讲中，乔治抨击了约翰逊总统所支持的《民权法案》，反对花费联邦经费来资助反贫穷的计划，并将黑人民权运动领袖马丁·路德·金称为"好斗分子"……总而言之，他的政治主张所代表的是共和党的保守势力。然而，在他所竞选的城镇大多都在民主党的势力范围之内，共和党的民众基础非常薄弱。

所幸，乔治得到了共和党内一些重要人物的支持，甚至连尼克松和戈德华特都亲自来到得州，帮助乔治进行竞选拉票。

对于小布什来说，这一场竞选之旅对他有着深刻的影响。此前，他对政治几乎毫无兴趣，但是看到父亲慷慨激昂的演讲，看到民众对他的热烈欢呼，他不能不为之触动。潜移默化中，父亲的政治主张也在他的心里画上了浓墨重彩的一笔。他对父亲愈发钦佩，政治的血液悄悄地注入了他的身体。

读万卷书不如行万里路，行万里路不如阅人无数。而这一次，小布什不仅行了万里路，更是阅人无数。虽然他生长在得州，但是从来没有对得州如此近距离地了解过。他走遍了得州大大小小的城镇，对得州的风土民情、历史文化以及政治背景等都有了更深刻的了解与认识。这些经历，在经年的沉淀里化作了深深的智慧，为他以后迈入政坛打下了重要的基础。

临近开学时，小布什离开了父亲的竞选团队，来到耶鲁大学报到。小布什是个天生的社交明星，在办理完新生注册手续后，马上就迫不及待地到各个宿舍去结识新朋友。

在短短的三四天的时间里，小布什的朋友就遍布耶鲁校园了。他有着极好的人缘，为人爽朗热情，无论走到哪里，都是一颗熠熠生辉的明星。大家很喜欢这个幽默开朗的朋友，和他在一起，总是有着无尽的乐趣。

父亲的竞选工作依然在如火如荼地进行着。11月，在大选到来之前，小布什利用周末的三天假期回到了休斯顿，协助父亲做最后的冲刺准备。

大选那天，小布什在竞选总部里帮助父亲统计投票结果。那是令人紧张的时刻，数月的准备，终于要在这一天得出结果了。然而，事与愿违，晚上11点半，小布什失望地发现，父亲以30万选票的巨大差距败给了民主党的竞争对手亚巴勒。

在通往成功的路上，遍布着失败者。而每一个成功者的背后，又布满了失败的伤疤。尽管这一次他们没有成功，但是乔治的努力还是取得了很大的成效。经过他们的宣传演讲，共和党的支持率有了显著的上升，他们在得州的道路也得以拓宽。

乔治并没有沮丧，不过小布什却为这个结果难过不已。在他心里，父亲永远是那个意气风发的英雄，他不相信，这么优秀的人竟然会失败。他第一次感受到了竞选的残酷，有时候，很多东西并不像自己想象的那么简单，也没有想象中那样美好。

第二天，小布什带着满心失望与难过离开了休斯顿，回到了耶鲁大学。

耶鲁大学有一个秘密精英社团，叫作"骷髅会"。骷髅会每年会吸收15名耶鲁大学三年级的学生入会，乔治在耶鲁大学时，便曾是其中的一员。从骷髅会出来的学生，各个都成为了社会上的精英人才。

小布什在离家前，父亲叮嘱他，到学校后去找一位朋友——在耶鲁大学担任神父的科芬。当年科芬进入骷髅会，便是乔治将他接纳入社的。

然而，很多事，很多人，总是会随着时间的变化而改变的。很多年过去，有些东西可能已经发生了翻天覆地的变化。科芬从20世纪60年代起越来越倾向于民主党，他反对越南战争，主张和平。对于乔治的政见，他并不赞同。所以，当小布什找到他时，他的态度并不客气。

小布什先做了一番自我介绍。科芬听罢，态度冷淡地说道："哦，是的，我认识你父亲。坦率地说，他刚被一位比他更优秀的人打败了。"

在小布什心里，父亲永远是最优秀的，他不允许任何人说父亲的坏话，科芬的评价让他大为恼火。不过，出于礼貌和尊重，小布什还是将这股怒气忍在了心里。然而，这只是一个开始。慢慢地他发现，耶鲁大学里对他父亲不客气的远远不止科芬一个人。他的政见与父亲是一致的，而在耶鲁校园里，多数人是赞同科芬的观点的。那种被排斥的感觉，让小布什分外不满，甚至有过离开耶鲁的想法。这成了小布什的一个心结，直到很多年以后依然耿耿于怀。

后来，小布什谈到这件事时说道："使我生气的是，耶鲁大学的这些人自认为高人一等，太自以为是。他们认为他们可以创造一个为我们解决所有问题的政府。"

很小的时候，小布什就知道，父亲曾当过海军飞行员，还得过战斗勋章。在他心目中，父亲是无人能比的战斗英雄。他的大弟弟杰布和他一样崇拜父亲，把父亲当作心中最神圣的偶像。杰布曾说："他(父亲)是一座照耀我们生活的灯塔。他用他的行动，而不是他的语言给我们以教诲。"

乔治给予孩子们的教育，不仅仅是语言上的激励，更多时候是以身作则，为孩子们树立起最真实的榜样。

小布什对耶鲁大学渐渐产生了抵触情绪，除了这个原因以外，还有一个重要的因素。如果按照小布什在安多弗的成绩，他基本是无缘耶鲁大学的，但是由于家族的庞大势力与背景，他还是得到了耶鲁大学的录取通知书。

耶鲁大学处于时代的风口浪尖，思想开化，文化多元。校园里更重视那些具有真才实学的人，无论你在社会上有着怎样深厚的背景，无论你拥有多么崇高的地位、拥有多少金钱，在耶鲁大学，只要你不够优秀，依然会遭到排斥。这是一个公平的天地，每一个人都是平等的，所有浮华的外衣，在这里都将黯然无光。

在这个时期，耶鲁大学增加了一些反映美国社会与文化变革的课程，如"非裔美国历史与文化""西裔美国历史与文化""环境研究"，等等。在这些新潮思想的影响下,耶鲁大学的文化氛围渐渐激进而"左"倾。那些通过深厚的背景关系而来到耶鲁大学的学生,在这样的文化氛围里常常有一种羞耻感,甚至迁怒于自己的家庭与父辈。他们变得叛逆,变得激进,对传统文化与社会体制衍生出一种抵触情绪。

来自于得州的小布什,在这样的文化氛围中显得有些格格不入。从小到大,他习惯了处在社会的精英集团之中,然而来到耶鲁大学后,他忽然发现自己竟被排斥于精英集团之外,甚至沦为"平民"。他从未被如此轻视过,与那些凭借真才实学走进耶鲁的同学相比,他感到自己那么渺小而卑微。

他有了一种自卑感。

耶鲁大学,这个给予他无限美好的地方,也在无形中给了他不为人知的创痛。所幸,小布什是个热情开朗的人,友情抚慰了心中那些细微的伤口。

乔治非常重视对儿子的培养。1965年的暑假,乔治要求小布什利用假期打零工。当然,他的目的不是让儿子赚钱,而是让他得到实际的锻炼。

在父亲的安排下,小布什来到了位于路易斯安那州的一家石油公司的海上石油钻井平台。他和另外13个人一组,一般工作10天后休息10天,或工作7天后休息7天。虽然休息时间不少,但是工作内容十分枯燥。海上的空气潮湿闷热,还常有大量的蚊子。工作没多久,小布什就有些吃不消了。

他开始怀念大海外面的花花世界,怀念那些与朋友饮酒作乐的快活时光。他越是这样想,越是没有心思工作。最后,他干脆不辞而别,工作还没有完成,就悄悄开溜了。

乔治知道后,气得暴跳如雷。他将小布什叫到了办公室,非常严肃地说道:"你同意工作一定的时间,但你并未做到这一点。我想让你知道,你的行为让我大失所望。"

父亲的冷静与严肃让小布什既害怕,又惭愧。直到此时,他才意识到,父亲对自己的期望有多大,而自己却那么不争气,一股深深的自责与懊悔涌上心来。多年以后,当他和朋友谈起这件事时,依然面露愧色:"尽管他用一种很冷静的方式对我说那番话,但对我而言,那真是最严厉的语言。"

虽然父亲没有发火,也没有用苛刻的语言责备他,但是对小布什来说,那是最令他难受的,甚至他觉得,如果父亲能够狠狠地责骂他一顿,他还会好受一些。

事实上,乔治不是一个雄辩之人,甚至有些内向。他的话不多,总是给人以深沉内敛的感觉。他不擅长用语言来表达对孩子们的爱与期许,但是他用行动做出了最好的证明。

有人说,有时候长大只是一瞬间的事。对于小布什来说,当他看到父亲那双充满了慈爱与严肃,又满布失望与难过的眼睛的一瞬间,他真的长大了。

在耶鲁大学的第一学年,小布什一直没有选择自己的学习专业,学习的内容都是一些普通的基础课,如英语、政治、天文、哲学等。暑假过后，小布什返回耶鲁，决定把历史作为自己的主修课程。早在安多弗的时候，他就对历史产生了浓厚的兴趣。他在达文波特学院历史系完成了注册，主修"美国史"和"欧洲史"。

小布什不是个爱学习的学生，但是对约翰·莫顿·布卢姆、加迪斯·史密斯以及亨利·特纳等教授的历史讲座非常感兴趣。

在小布什的课程中有一门是"苏联史"，这也是最令他难忘的一门课程。授课老师是来自德国的沃尔夫冈·莱昂哈德。莱昂哈德童年时代逃离了纳粹德国去了苏联，并在那里长大。斯大林时期，他的母亲遭到了逮捕。莱昂哈德本打算成为一名共产党员，却阴差阳错地逃到了西方。在上课时，他会用浓重的德语口音来描述他多年前亲眼看到的情景，而这些对学生来说有着极大的吸引力。

大四时，小布什选修了"美国演讲历史与实践"课程。在这段时间，小布什阅读了大量美国著名的演讲文稿，从殖民牧师乔纳森·爱德华兹的讲道，到罗斯福总统在美国珍珠港遭到日本偷袭后发表的《国耻日》，都成为了他阅读的对象。在这门课上，授课老师罗林·C.欧斯特魏斯教给了学生们如何组织一篇成功的演讲稿——开头，三个主论点，结束语，以及结论。这个"公式"令小布什一生受用，在他以后的诸多演讲中，都不知不觉地套用了这个模式。

小布什和三个同学住在一套学生公寓里。公寓里有两个卧室和一个客厅，由于小布什的热情好客，这里成为了他和同学们聚会的乐窝。只要校园里有什么活动，总会有朋友跑到这来找他，因为大家都知道，小布什是个爱热闹的人，哪里有什么活动，总是落不下他。他还是个万事通，什么比赛在什么时间、什么地点举行，他总会第一个知道。有谁想借个东西、打听一些事情，也总会来找他，因为他的朋友是最多的。

小布什是个闲不住的人，贪玩的秉性始终改不掉。在学生公寓里，他常常和同学们通宵达旦地玩扑克。他的室友约翰逊曾如是说："他(小布什)不是——或者说我们几个人住在一起不是因为我们都特别聪明。我想，客观而言，有些人会说，我们是有理由聪明的，但我们并没有花那么多时间在咖啡屋读诗。""乔治最喜欢做的事是与人混在一起。不论是通宵达旦的扑克游戏，或是兄弟会的聚会活动，或是参加运动——曲棍球赛、棒球赛、篮球赛或橄榄球赛，你可以举出几乎所有的体育比赛——你都可以看到他在那里。"

在穿着上，他从不讲究，根本不像一个富家子弟，同学们甚至看不到他洗衣服。去上课时，他经常从地板上随便抓起一件衣服，一边走一边胡乱套在身上，动作一气呵成。当然，偶尔也会"讲究"一下，在脖子上打一条领带，穿一件无袖内衣，外面再穿一件外套。从外面看似乎看不出什么破绽，但是一脱下来，绝对让人大跌眼镜。

耶鲁大学有一个联谊社团——德尔塔·卡珀·爱普西伦兄弟会（Detta Kappa Epsilon Fraternity），社员都是学生运动员。当年乔治在耶鲁大学的时候，就是这个社团的成员。酷爱体育运动的小布什，自然也不会落下，开始准备加入这个社团。

不过，要想入会不是那么容易的，需要通过老社员的考核。老社员给他们出了一个难题——说出兄弟会集会者的名字。大家都被这个难题难倒了，一般说上四五个名字就卡壳了，但是到小布什时，竟然一口气将54个人的名字全部说了出来。兄弟会的老社员们对他刮目相看，从此，小布什正式成为了兄弟会中的一员。

德尔塔·卡珀·爱普西伦兄弟会喜欢搞恶作剧，被大家称为"搞闹与派对兄弟会"。小布什从小就是个恶作剧大王，这个社团简直太合他的胃口了，每一场活动，都少不了他的身影。兄弟会经常在耶鲁大学校园里最大的酒吧举行派对，大家饮酒狂欢，分外热闹。每逢此时，小布什都是最积极的一分子，灯红酒绿间，他玩的格外开心。后来，小布什成为了兄弟会的会长，更是将他的玩乐与搞怪天分发挥到了极致。

在这段时间里，兄弟与酒成了小布什不可或缺的伴侣。不过，酒精的刺激能带给人飘飘欲仙的享受，也会令人出丑，甚至惹来麻烦。

有一天晚上，小布什和同学们参加完兄弟会的派对后往回走。走着走着，喝得醉醺醺的小布什突然倒在地上，在空旷的马路上像个轮子般滚来滚去。更令人哭笑不得的是，他竟然就这样滚着回到了学生宿舍。

20岁那年，刚刚和兄弟会的几个朋友喝得醉醺醺的小布什在街上闲逛。那时正值圣诞前夕，他们准备去买一些圣诞装饰品。大街上弥漫着浓浓的圣诞气息，家家商铺都装扮一新，摆好了圣诞树，门口还装饰了很多漂亮的花环。有一家旅馆装饰得格外漂亮，尤其是挂在大门上的那个圣诞花环极为醒目。烂醉如泥的小布什摇摇晃晃地走过去，竟将那个花环摘了下来，准备带走。

这一幕正好被开着警车巡逻的警察逮个正着。警察以为他是个小偷，控告他犯了骚乱行为罪。见到警察，小布什的酒早已醒了大半。在意识到自己的荒唐举动后，他赶紧解释是因为自己喝多了酒，行为才会失去控制。最后，警察撤销了对他的指控。虽是有惊无险，但也给了小布什一个深刻的教训。

不过，小布什天生是一个好动分子，就算没有酒精的作用，也会做出一些疯狂的举动。有一次，普林斯顿大学与耶鲁大学进行了一场美式足球比赛，小布什与一帮朋友们前去观看。赛场上的运动员挥汗如雨，而坐在赛场下的观众们时而欢呼，时而焦虑，紧张程度绝不亚于运动员。

看着耶鲁大学的比分越来越高，小布什也越来越兴奋。最终，耶鲁大学打败了普林斯顿大学，在比赛结束的那一刻，小布什也激动到了极点。他和朋友们趁着人声喧哗，竟然推倒了普林斯顿大学球队的球门柱子。

闹哄哄的人群引起了警察的注意。在得知是小布什带头干的好事后，警察立即逮捕了小布什。在被塞进警车的那一瞬间，小布什沸腾的热血才算降了温。其他朋友见状不妙，纷纷追着警车拍打车窗，朝着警察大喊："放了布什！"小布什的一个朋友罗伊·奥斯汀是耶鲁大学足球队的队长，身材高大威猛，他见小布什被塞进了警车，如同一头发怒的狮子般大吼着让围在车边的人都散开，然后打开车门自己跳进了车里。奥斯汀和小布什一起被带到了警察局。

随后，警察对他们进行了拘留审讯。随后，警察命令他们马上离开普林斯顿大学，并将此事通报给了耶鲁大学校方。

这件事闹得满城风雨，甚至被登到了报纸上。2000年，《纽约时报》更对此事进行了细致的还原："在比赛结束时，他与耶鲁的其他同学冲进球场，推倒球门柱子，企图搞几块球门柱子带回去做纪念品。普林斯顿大学的警察进场维持秩序时，发现布什正厚颜无耻地坐在球门的门栏上，企图撬几根球柱下来。"

本是一件开心的事，没想到竟会闹到如此地步。从那以后，小布什再也不去普林斯顿大学了。好事不出门，坏事传千里。这件事闹得人尽皆知，一时间，小布什竟"威名"远播，甚至还被耶鲁大学的校内报纸选为公众人物。

不过，也有一件值得小布什骄傲的事，他在大三时成为了"骷髅社"的社员。这也算是布什家族的传统，老布什在这里读书时，一度成为"骷髅社"里的风云人物。骷髅社是一个秘密精英社团，他们把活动的场所称为"坟墓"，位于耶鲁大学的一栋没有窗户的哥德式建筑里。

在这里，他可以畅所欲言。他们谈政治，谈国事，也会谈到家庭。在社友的印象里，小布什非常崇拜父亲，每每谈到父亲，他的眼中总是闪烁着无限的自豪与敬爱。他谈到父亲竞选参议员失败，谈到父亲在失败面前所表现出的从容与镇定。父亲是他心目中永恒的英雄，他的每一个举动，都在无形之中影响着小布什。

不过，虽然成为了"骷髅社"的社员，小布什依然算不上优秀的学生。他的成绩始终一般，一提到学习，便会头痛不已，教过他的教授们甚至对他都没有什么印象。他自己也认为自己不适合学习，"我决不是一个知识型的人。我喜欢读书,我读书的目的是为了好玩。我想,我们家几个孩子基本上都属于这种类型。我们不是那种严肃认真、研究型的读者。我们是为了追求乐趣而读书的读者"。

小布什的成绩大多是"C",只有哲学、人类学等少有的几科得过"B",这与科科都得"A"的父亲形成了极大的反差。他对政治毫无兴趣,所以政治课"美国政治制度入门"只得了73分,"国际关系导论"更是只得了可怜的71分。

他喜欢校园里的各种活动,但是对于政治性的从不参加。他也从不在同学们面前谈论政治,即便是在越南战争时期,他依然没有表态。

小布什最热衷的始终是交朋友。有人说,在4000人中,小布什能认识1000人。他的人缘极好,走在校园里,到处都是熟人。不仅如此,即便是不认识的人,他也会主动打招呼。

1968年6月9日,小布什从耶鲁大学毕业。在美国,毕业典礼是非常重要的,这一天,无论多忙,毕业生的父母们都会赶到学校来,参加孩子的毕业典礼。此时,身任联邦国会众议员的老布什也从百忙之中抽出时间来到了耶鲁大学。

然而,令小布什失望的是,父亲仅仅待了一个多小时,就匆匆离开了。有人说,他是事务繁忙,能够抽时间来到耶鲁已经非常不易。也有人说,是小布什的坏成绩让他面上无光,所以才在失望之中愤然离开。

小布什多么希望父亲能够像其他家长那样待上一整天。看着父亲离开的背影,小布什分外失落。后来,他的室友约翰逊回忆说:"他(小布什)

在毕业那两天大部分时间与我的家里人在一起。我记得，当他父亲离开后，他曾说，希望父亲不要有其他那么多的事。"

看着同学们一家人团聚在一起庆贺，孤身一人的小布什虽然脸上挂着笑容，内心却无比难过。他知道父亲是恨铁不成钢，因此为自己的不争气而自责。

就要离开生活四年的耶鲁校园了，小布什的很多同学都表示出了对这所学校的不舍，然而小布什似乎没有丝毫留恋之情。大学毕业后，他的很多同学都曾为母校捐款，但是小布什对此毫不热心。1993年，他们这一届的同学曾发起为母校捐款的活动，但是小布什的态度非常冷淡。

他的大学室友克雷·约翰逊问小布什将为母校捐多少，小布什冷冷地回答说："我一分钱也不给。"

其实，小布什不愿意为母校捐款，绝不是因为钱的问题。他并不喜欢这所学校，甚至有一点抵触情绪。据《华盛顿邮报》报道，直到20世纪90年代末期，小布什才为耶鲁大学捐了一点钱。

在耶鲁大学，小布什经常见到一些对父亲言语不恭的人。尽管那时的他不喜欢政治，却也不能接受那些热爱政治的人对父亲指指点点。耶鲁大学被誉为政治的摇篮，很多美国政要都是从这里走出去的。小布什的祖父、父亲以及他自己都毕业于耶鲁大学，被人们称为耶鲁大学的一门三杰。

据说，小布什曾对于耶鲁大学迟迟不授予父亲荣誉学位而耿耿于怀，直到1991年，耶鲁大学才同意授予老布什荣誉学位。

2001年5月21日，已经成为总统的小布什接到了耶鲁大学的邀请。那时正值耶鲁大学建校300周年，小布什受邀在庆典上发表了演说。据说，那是小布什在20世纪60年代末毕业离开耶鲁大学后的第一次返校。

这次，作为美国总统返回耶鲁大学校园，小布什的心情已完全不一样了。

他在对2000多名应届毕业生、他们的家长以及学校的教授所发表的演说中说："这是相当长的时间里我第一次返回这里。我肯定，你们每个人在你们一生中至少有几次会再回到耶鲁。如果你们像我，你们就不会记得你们在耶鲁所干的一切。"

小布什诙谐地提醒学生们说："对于那些得到荣誉、奖励与杰出成就的学生，我要说，你们干得很出色。对于那些成绩得'C'的学生，我会说，你们也可以当总统。""当我离开耶鲁时，我并没有什么未来的计划。我知道，某些人会说他们是有计划的。但结果是，我们在生活中都有上下起伏，其中大多数情况是我们没有料到的。"最后，他还在寄语中说，"我希望，当你们返回耶鲁的那一天来临时，你们也会有像我今天这样的感觉。我希望，你们不会等得像我这么久。"

与毕业一起袭来的，还有无边的茫然。小布什不知道以后要做些什么，尤其一想到服兵役，就愈发烦躁。

根据美国《兵役法》的规定，适龄青年需要去服兵役。此前，小布什一直都在读书，所以有理由将服兵役延迟到毕业以后。而现在，他再也不能将校园当作自己的挡箭牌了。

如果只是单纯地服兵役，那倒没什么，问题是在那段时间里美国深陷越南战争的泥潭，很多大学生被征召到越南战场后，就再也没能回来。据统计，美国士兵在越南战场上每周最多死亡人数高达350人。

很多校园里爆发了一起又一起反战运动，尤其是小布什毕业前夕，美国校园的反战运动掀起了新的高潮，因为随着毕业季的来临，很多毕业生将无可选择地面对兵役问题。1968年3月27日，美国东部的一所常春藤联盟大学——哥伦比亚大学爆发了一起规模空前的反战示威运动，4月22日，运动再掀高潮。次日，这场示威运动演变成了校园暴动，愤怒的学生们占领了校园的行政大楼。

在场面失控的情况下，校方不得不报警。

在这场声势浩大的运动中，有700多名学生被逮捕，100多人受伤。当时，很多新闻媒体对此事进行了报道，整个美国都为之震惊。

为了避免服兵役上战场，很多人想到了出国。所以，在那几年中，出国到加拿大的美国人非常多，尤其是青年学生。小布什也考虑过这种方法，不过思来想去还是放弃了，因为他觉得这种逃避是不负责任的做法。

所幸，小布什在玩乐的时候并没有忘记毕业后要面对服兵役的问题，早在1967年就已未雨绸缪了。曾当过飞行员的父亲一直是他的榜样，那年圣诞节期间，他听说得州空军国民警卫队有飞行员位置空缺，马上就给负责人斯托特上校打了电话，表示自己希望加入得州空军国民警卫队。

1968年的春天，小布什参加了空军军官资格考试，并顺利通过。在申请表中，有一栏的问题是"是否志愿被派往海外"，小布什毫不犹豫地在

"否"这一栏里打了勾,表示不愿去海外执行作战任务。

毕业前夕,就在小布什为即将到来的服兵役而头痛不已时,他接到了得州空军国民警卫队第147战斗机大队的面试通知。

这对小布什来说简直是雪中送炭。他顺利通过了面试,正式成为了得州空军国民警卫队中的一员。这样一来,他就不用担心被派到越南战场上去了。

作为老布什的儿子,小布什在这里非常受欢迎。得州空军国民警卫队第147战斗机大队颇有历史。它成立于1923年,曾参加过第二次世界大战及朝鲜战争。

事实上,与小布什同一时期加入得州国民警卫队的大有人在,这里几乎成了逃避越南战争的"避难所"。一位前得州政府官员这样说道:"显然,州长、副州长与州议会议长,都对州国民警卫队有很大的影响力。如果你看看当时州国民警卫队的名册,就会发现,除了乔治·沃克·布什,得州有政治背景家庭的许多子弟,碰巧都加入了得州国民警卫队——而不管他们是否在排队等候的名单上。"

不过,小布什当然不会承认自己加入国民警卫队是为了逃避参加越南战争。他的理由是希望自己像父亲那样成为一名战斗机驾驶员。不过,这虽然被看作是一个借口,却也是小布什实实在在的愿望。

加入得州空军国民警卫队后的第一件事是前往圣·安东尼奥市接受短期培训。

当你得到一些东西时,往往是以失去另一些东西为代价的。就在小布什为躲过了兵役而庆幸的时候,与他交往多年的女友卡希琳·沃尔夫曼向他提出了分手。

沃尔夫曼是休斯顿莱斯大学运动经济学专业的学生。两年前,他们曾准备订婚,但是由于两家人认为他们年龄尚小,所以延迟了婚期,而这一延迟,就再没有了结局。

小布什进入得州空军国民警卫队培训的时候,沃尔夫曼从大学毕业,并来到了华盛顿。在那里,她遇见了一位从哈佛大学商学院毕业的企管学硕士,两人很快坠入爱河。而小布什,便成了一个尴尬的多余角色。这段恋情也只能以悲剧收场。

这段感情的创伤一直埋藏在小布什的心底,久久不能抚平。在很长的一段时间里,他近乎疯狂地饮酒作乐,身边换了一个又一个香艳女子。然而,笑声越大,他内心的孤独就越深刻。有人说他是个花花公子,但是他内心的悲伤,却鲜有人知道。

友情是最好的慰藉。所幸,他的身边永远围绕着一大帮朋友,与他们在一起,爱情的伤口渐渐愈合。

爱上杜威猫

1968年秋天,小布什到佐治亚州穆迪空军基地报到,开始接受飞行员培训。最开始前来参加培训的有将近100个学员,但是到毕业的时候,只剩下了50人左右。因为在这期间,他们要经过层层淘汰选拔,只有精英者才能在一项项考核之后留下来。

训练与考核都是非常艰苦的。与小布什一同培训的,还有一位来自纽约的学员。他首次驾驶塞斯纳172飞机回去后,脸色非常难看,甚至呕吐不止。直到很多年以后,小布什对这件事依然记忆犹新。

每一位学员都不可避免地为之紧张,指导员发现了学员的紧张情绪后不断地对他们进行鼓舞与安慰。在小布什第一次学习飞行的课上,指导员突然从他手里夺去了操纵杆,使劲地往回拉,故意使飞机失控,一时间机首上扬,机身震动不已。正在小布什大骇不已时,指导员又把操纵杆向前推,使机首回落,飞机飞行恢复了正常。小布什紧张的心几乎从胸膛里跳出来,指导员看着他说道:"小子,如果你想成为一名飞行员,你必须学会控制飞机,而不是让飞机控制你。"

这句话给了小布什很大的触动。他牢记着指导员的话,开始苦练驾驶飞机的本领，包括翻筋斗、"滚桶"、仪表飞行等。

完成短期培训后，小布什被送到佐治亚州的穆迪空军基地接受为期一年的正规战斗机飞行训练。在这里，小布什主要学习的是F-102战斗机的驾驶。

在越南战场上，F-102战斗机主要被用作B-52轰炸机的护航机。培训过程异常艰苦紧张，小布什每天的课程都安排得满满的，除了例行的飞行训练以外，还要学习密码操作、体能及心理训练。周末是他们最期待的时光，每到此时，小布什便会和朋友们到附近小镇上的酒吧里。那里从来不会缺少美人和酒，对于还没有完全从失恋状态里走出来的小布什来说，这两样成了他最好的麻醉剂。

小布什是个天生的乐天派。他擅长交友，很快就和其他学员混熟了，甚至给每一个认识的人起了外号，大家玩的非常开心。小布什永远是大家的开心果，他的风趣幽默与开朗活泼给每个人都留下了深刻的印象。当然，大家都认识小布什，除了他的性格原因以外，还有一个重要的原因，那就是他的特殊身份——老布什的儿子。

小布什身边的女朋友换了一个又一个，只有与一个叫朱蒂的姑娘相处的时间还算长，小布什的很多朋友都知道她，而且感觉得出朱蒂对小布什的依恋。然而，这段感情也只是维持了几个月，随着小布什完成飞行训练，两个人的关系也不可避免地走向了终结。

在训练期间，小布什还有一件事曾轰动一时。当时的美国总统尼克松的大女儿出席白宫的一项庆典活动，而小布什作为男伴也出席了这项活动。当迎接小布什的专机抵达穆迪空军基地时，整个基地的人都沸腾了。

也是从那时起，人们知道了老布什与尼克松总统的关系非同一般。在训练结束的毕业典礼上，乔治应邀来到了典礼现场发表了讲话，并亲手为儿子戴上了二等少尉肩章。

随后的一段时间里，小布什基本处于无业状态。虽然他在得州空军国民警卫队驾驶战斗机，但实际的飞行时间并不多，一个月仅有那么几次，在大部分时间里，他都是在花天酒地中度过的。

那是青春岁月里的一段茫然期。或许，每个人的青春里都会有这样的一段时光。在这段时间里，我们学会成长、学会生活，在最迷茫的岁月中，学会一生中最重要的法则。

人们经常看到小布什骑着重型摩托车轰隆而过，车后面载着年轻貌美的姑娘，而且每一次都是不同的姑娘。他要么是正在参加派对，要么是在赶往派对的路上。他经常喝得烂醉如泥，也因此闹了不少笑话。

有一次，小布什在一个朋友的派对上喝了不少酒，忽然看到一个女宾客，便摇摇晃晃地走过去，一张口竟问了一个非常荒唐的问题："过了50岁以后，性生活滋味如何？"

那位女宾客顿时面红耳赤，羞愤难当，而那位做东朋友的母亲气得差点儿心脏病发作。

20世纪的60年代，一场"性革命"轰轰烈烈地席卷了美国，很多年轻人深受其影响，自然也包括小布什。他像一个对生活不负责任的浪荡子，每天物色着不同的女人并与之约会。而幽默风趣的小布什，也非常讨女人的喜欢。有一位曾与小布什约会过的得州选美小姐这样评价小布什："他是一个很不错、很坦率的人。我们两人之间有时会有点儿小摩擦，因为我是个'自由的小姐'。""他有极棒的幽默感。他谈锋敏锐，精力充沛，令人着迷。他玩起来时好疯狂，他参加派对时，会喝好多的酒。"

不过，小布什是个独立的人。在那段疯狂的日子里，他始终是自食其力的，从来不会向父母要钱。回忆起那段时光，他这样说道："我当时是自己支持自己。我不会打电话给他们说，'喂，我又缺钱花了，帮帮忙吧！'我是自己挣钱养活自己。""如果在生活上你没有太高的要求，在经济上是容易过得去的。我不是那种要花很多钱的人。我想，我的朋友们会告诉你，我是一个节俭的人。我不是一个大手大脚乱花钱的人。"

1972年的夏天，老布什的一位朋友为小布什提供了一份工作，让他到阿拉巴马州去，帮助布朗特代表共和党竞选国会参议员。

这对于长期沉浸在花天酒地中的小布什来说是个好消息。他工作得非常认真，不过，仅凭他一个人的努力是无法力挽狂澜的，最终布朗特败给了民主党的斯巴克曼。

不过，这次经历对小布什来说是非常重要的。他对竞选的程序与形式有了更为深刻的了解，为他以后的政治生涯积累了重要的经验。他的人脉也在悄悄拓展着，每一个看似简单的细节，都在为他以后的政治之路添砖加瓦。

几家欢喜几家愁。虽然布朗特竞选失败了，但是对于布什家族来说，有一个重要的好消息让所有人都振奋不已：尼克松连任总统，并任命老布什为共和党全国委员会主席。

这一年冬天，布什一家搬到了华府，并在这里买了新居。

不过，大选结束后小布什又回到了"游民"状态，终日与酒为伴，常常和一帮朋友喝到酩酊大醉。有一天深夜，醉醺醺的小布什开着车载着弟弟马文回到家，迷迷糊糊地撞倒了邻居门外的垃圾桶。听见"砰"的一声后，小布什赶紧手忙脚乱地倒车，结果那调皮的垃圾桶挂在了车上，直接被拖到了大街中央，一阵金属刮擦地面的声音划破寂静的夜，听起来格外凄厉刺耳。老布什听到后不禁吓了一跳，赶紧跑出来看个究竟。看到酩酊大醉的儿子，他气愤不已，一股恨铁不成钢的情绪从心底翻涌上来。他严厉地批评了小布什几句，并要求他马上到书房去谈话。

没想到，已经被酒精麻醉的小布什竟然比父亲还要生气，暴跳如雷的他向父亲叫嚷道："你给我过来！"看架势，分明是在向父亲宣战，一股浓烈的火药味儿在夜空里弥漫开来。乔治气得直摇头，幸好小布什的大弟弟杰布及时跑出来，将醉醺醺的哥哥拉回了房间。

不过，这件事给老布什敲响了警钟。在生气之余，他也意识到，如果再放任小布什这样无所事事下去，他的前途实在堪忧。过完圣诞节，小布什回到了休斯顿，老布什给在休斯顿的朋友——前职业橄榄球运动员与民权运动领袖约翰·怀特打了电话，让他帮忙照顾一下儿子。老布什希望沉迷于玩乐中的小布什能够见识到人生中的另一面，由此迷途知返，浪子回头。

那时，怀特正负责一个帮助贫穷黑人孩子的项目"PULL"，主要内容是将社会上那些游手好闲的青少年组织起来，辅导他们进行体育活动、学习手工艺制作、展开野外旅行等，让他们在活动中找到自己的兴趣爱好，成为对社会有用的人才，以免他们堕入犯罪的深渊。

怀特将小布什安排到休斯顿内城区的第三收容站做辅导顾问。对于小布什来说，这是一段刻骨铭心的时光，此前，他从未亲眼看过那些贫穷的黑人孩子真实的生活状况，那些触目惊心的景象，几乎让他不敢相信自己的眼睛。

我们常说，每一个人都是生而平等的。但事实上，的确有很多东西从一出生就被注定了，比如肤色，比如家庭，我们无可选择。"PULL"计划让小布什看到了人生中的另一面——这也正是老布什所希望的。

小布什希望让每一个孩子都有平等的追求梦想的机会。这份工作让他的内心受到了极大的震撼，人生一世，总要做出一番自己的事业。他也意识到，只有自己强大了，才会有能力帮助更多的人。

1972年的秋天，小布什去佛罗里达看望祖母，他大学时代的好朋友迈克·布鲁克斯也住在附近，两个人便一起去打高尔夫。那时候，迈克刚从哈佛大学商学院毕业，看到游手好闲的小布什，便极力建议他去哈佛大学深造。朋友的建议让小布什动了心，他打算洗心革面，好好地提高自己。为了避免他忘掉这件事，迈克还特意给他邮寄了一份申请表格。小布什填写好之后将其寄出去，然后满心期待地等待录取通知书。果然，几个月后，他被哈佛大学录取了。

当时，他的父母还不知道这件事。直到有一天晚上，他和弟弟杰布与父亲一起在休斯顿的一家餐馆共进晚餐，父亲问起了他对未来的打算。小布什还没来得及说，弟弟杰布抢先说道："乔治被哈佛录取啦！"

老布什没有表现出多么强烈的欢喜或支持的态度，想了想后说道："儿子，你要认真考虑，去哈佛念书能拓宽你的视野。"不过，他在心里应该是高兴的，天下父母，都希望自己的孩子能有一颗上进之心，无论其成功与否，至少不会沉沦。

这是小布什第一次郑重地为自己做出抉择。去安多弗读书是因为父母的要求，去耶鲁读书是因为家族的传统，直到他选择了哈佛，才真正为自己的人生做了主。

1973年秋天，小布什顺利成为哈佛大学商学院的一名研究生。不过，他的雄心壮志却渐渐冷却了，入学后，这位浪荡已久的花花公子很快就故态复萌了。在这里读书的同学都穿着干净整洁的衣服，而小布什的邋遢形象却成了这里一道独特的"风景"。他常常穿着不知多久没有洗过的牛仔裤，上身随便穿一件大领子衬衫，有时候干脆穿着国民警卫队的军官制服。他似乎从来不在乎外在的形象，在穿着上永远不拘小节。当同学们听说这个放荡不羁的家伙竟然是老布什的儿子时，简直不敢相信。

多年以后，当小布什的同学马迪·卡恩回忆起对小布什的第一印象时这样说道："我对他的第一印象是，当时，我们正在教室里上课，我听见某人在吐烟草叶子的声音。我回过头来，看到乔治身穿国民警卫队空军战斗机飞行员制服坐在教室后面，正在往杯子里吐烟草叶子。你得记住，这是哈佛商学院，你简直无法想象这里会有这种事情发生在。"

这个特立独行的人给每一位同学都留下了深刻的印象。无论是穿着，还是表现，小布什都显得与哈佛大学格格不入。这是世界上最著名的学府，来自全世界的各领域精英汇集于此，大家为了学术或事业步履匆匆，而小布什却在各种派对中玩得不亦乐乎。

如果你认为，出身于名门望族的小布什应该喝着高贵的酒，听着高雅的歌剧的话，那你就错了。小布什常常喝着劣质的烈酒，在各种乡村音乐的旋律中放纵狂欢。即便是来到了全世界所瞩目的顶级学府，他依然不改自己的本色。

与那些有着明确人生目标的同学相比，此时的小布什依然是茫然的。他并不知道自己以后要做些什么，入学之前短暂燃烧的雄心壮志，现在已经冷却成灰。即便是令他人热血沸腾的金钱与权力，对他似乎也没有任何吸引力。不过，哈佛大学严谨的学风与严格的要求，对小布什的一生产生了重要的影响。近朱者赤，当他的身边聚集着一批世界顶尖的优秀人才时，他也在耳濡目染中，渐渐静下心来像身边的那些人一样开始认真地学习与思考。

对于小布什来说，进入哈佛大学是他人生中重要的转折点。如果没有这段时间的历练，或许就不会有后来的小布什总统。

哈佛大学的严谨学风，让小布什渐渐收敛了贪玩的秉性，开始全身心地投入到学习之中。他集中精力研读工商管理知识，努力学好自己的专业课。这与以前放浪不羁的小布什简直判若两人，即便是尼克松总统的"水门事件"闹得满城风雨时，他依然心无旁骛地学习着，钻研着。

度过了最初的迷茫期，小布什渐渐明确了自己的人生方向。从哈佛大学商学院毕业的学生工资最高的都在石油界与研究工业界，他们起薪就是30000美金，而且会随着时间而迅速增长。

很多人认为，从哈佛大学毕业，可以稳稳当当地找个高薪工作，从此捧上金饭碗。不过，小布什并不这样想。他的目标在于创业，而不是为别人打工。对于家族的石油企业，一个充满希望的构想，在他脑海里渐渐有了雏形。

1975年的春天，小布什即将毕业，再一次茫然地站在了人生的岔路口上。当时，正好他的同学德尔·马汀邀请他去他家的农场度假。马汀家的农场位于美国西部亚利桑那州的图森，那里美丽富饶，景色宜人。小布什欣然接受了邀请，和马汀一路西行。不过，当他们到达米德兰时，小布什决定在这里暂作停留。他的朋友吉米·艾莉森当时在《米德兰记者——电报》做发行人，他告诉小布什，米德兰发展得很快，而且前景大好。自从1973年阿拉伯国家实行石油禁运以后，米德兰的能源产业发展得越来越好。那时石油行业的门槛很低，小布什便萌生了开创一家石油公司的想法。而且在得州，石油业有着巨大的发展空间。

小布什敏锐地意识到，一个前所未有的机遇正摆在他的面前。这更坚定了他的创业梦想，在这里，他不需要太多的资金，就可以跻身全国乃至世界的领先行业中。

小布什的一大半同学都去了美国东部的大公司，在那里，他们可以得到优厚的薪酬，生活条件也好得多。不过，心怀梦想的小布什并不羡慕他们，他有自己的方向。多年以前，他的父亲老布什不顾朋友们的反对，毅然决然地来到得州，投身石油行业，开拓了布什家族的锦绣天地。多年以后，已经长大成人的小布什放弃了东部功名利禄的诱惑，踩着父亲的脚印也来到了得州。

那是一片广袤的天地。小布什曾说："我是一个单身汉，我没有负担，也没有资产。我不受某个人为我制订的任何计划的束缚。我来到这里，很清楚，这里就是我要创业立家的地方。"米德兰，那是一个充满着野性魅力的地方，那里有小布什的成长印迹，烙刻着他童年时代的一点一滴。午夜梦回时，他仿佛能听见来自米德兰的呼唤，那份思念与憧憬，让他迫不及待地想回到那片使他成长的热土上。

1975年的夏天，小布什踏上了米德兰的逐梦之路。他租了一所小公寓，然后按照计划开始寻找石油商机。他在这里长大，对这里的风土人情、生活习惯都非常了解，而且有很多朋友，父亲的名声与广泛的人脉更是在无形中给予了他最好的荫庇。所以，与当年老布什只身闯得州相比，小布什要幸运得多。

儿子的表现，让老布什欣慰了很多。他很支持小布什的做法，并不遗余力地指点他，告诉他可以找哪些人帮忙。他叮嘱小布什，除了找阿里森以外，还必须联系另外两个人——马丁·阿德和瓦尔特·霍尔顿。阿德曾在1964年协助老布什竞选参议员，是一名很有名气的律师。霍尔顿与布什家族是世交，两家人关系深厚，更重要的是，他也是石油界的大亨，对小布什会有很大帮助。

小布什谨遵父亲教诲，在米德兰安顿妥当后，马上便找到了霍尔顿。对于老朋友的儿子，霍尔顿非常欢迎，欣然答应了小布什的请求。他建议小布什每天去法院查看其他石油商人签订的合同与油矿开采权利的记录，争取每天赚到50~100美元。

虽然小布什有一个石油大亨父亲，但是他对石油行业的了解并不多，所以很多东西都必须从头学起。霍尔顿希望他能在这个基础而简单的工作中慢慢了解石油行业，待时机成熟后，再做一名土地中间人。这样就可以了解到谁在哪片土地上开采石油，然后找到土地的主人，和他们商谈购买土地的事宜。在拥有了自己的土地后，就可以成立公司，在石油行业里慢慢拓展一片自己的江山。

霍尔顿的指点让小布什豁然开朗，对于前途也更加信心满满。

最基础的工作看起来简单，却是最重要的。每一天，小布什都会风雨无阻地赶到法院，在那里仔细查看石油商人签的契约、合同，并伺机寻找农场主或牧场主聊天，向他们打探情况。小布什是天生的社交明星，最擅长和他人打交道，所以很快就结识了一批新的朋友。

一切都在按照计划有条不紊地进行着。小布什虽然有过浪荡子的历史，但是他天资聪颖，当他静下心来准备做成一件事的时候，就会收敛起所有的玩心，全身心地投入其中，以惊人的效率来完成这件事。经过一段时间的积累，小布什对石油行业有了较深的理解与认识。时机成熟后，他的公司终于面世了。

公司成立后，小布什面临的第一个问题就是缺少石油开采钻探的资金。不过，布什家族的社交关系网覆盖政界与商界，有很多人愿意为小布什投资。这样得天独厚的优势，使得小布什的公司顺利地进入了得州的石油领域。

然而，逐梦的路总是满布荆棘，上帝不会因为你的血统而对你有所怜悯。在现实面前，每一个人都是公平的。小布什在创业之初，虽然在人事上事事顺利，但是在自然面前却充满了波折。

开采石油需要技术，有时候也需要运气。小布什在欢天喜地地钻探了几口油井后便痛苦地发现，那几口井竟然都是枯井，连石油的影子都没有。不过，这并不能让胸怀壮志的小布什退缩，他乐观地告诉大家：事情总会走上正轨的。这种安慰的话，是讲给别人听的，同时也是讲给自己听的。

他是个乐天派，这些波折不会熄灭他梦想的火焰。

酒依然是小布什最好的伙伴。1976年的春天，小布什与朋友唐和查理·杨格约好一起去奥德赛看威利·尼尔森的演唱会。他们提前买了一些可以塞进裤兜里的波旁酒，在路上走的时候忍不住就喝了几大口。结果到了开演唱会的体育馆门口时，工作人员提醒他们不能把酒带进去。

很多人都看过王宝强主演的《人在囧途》，电影中的他带了一大桶牛奶准备登机，结果被告知牛奶不能带上飞机，要么托运，要么喝掉。结果他竟然将那一大桶牛奶喝了个精光，惊得周围的人目瞪口呆。而现实中的小布什，也曾上演过这样一幕。当工作人员不允许他们把酒带进去的时候，他们几个人干脆"咚咚咚"把酒都喝掉了，然后潇洒地扔掉了酒瓶，入场找到座位坐下。

然而，看演唱会不喝酒又怎么能尽兴呢？这时候，查理干了件令小布什都分为惊讶的事：他找到舞台工作人员，告诉他威利·尼尔森想喝些啤酒。然后，那个工作人员果然拿着查理的钱去买了两箱酒。查理留了一箱给威利·尼尔森，而把另一箱悄悄地搬到座位上，和小布什几个人开怀畅饮起来。

演唱会开始了。三个人都喝得醉醺醺的，查理提议去舞台上感谢他的新朋友。比较理智的唐没有跟上去，但是小布什欣然而往。

当他们两个走上舞台时，前排观众中的一群米德兰人认出了小布什，开始大喊他的名字，还向他要酒喝。小布什爽快地给了他们一些。

演唱会结束后，查理把几个长颈啤酒瓶塞进了衣服里，准备离开。正在几个人大摇大摆地往外走的时候，那几个调皮的啤酒瓶竟然从查理的衣服里滑了出来，落在地上摔了个粉碎。这刺耳的声音把人们吓了一跳，纷纷把目光投向他们三个。为了避免被别人认出来，三个醉鬼夺路而逃。

第二天，很多朋友都和小布什说，看到了他和威利·尼尔森一起站在舞台上，还有个朋友开玩笑说，他站在那里像个傻子。

1976年的劳动节时，小布什与妹妹、老布什的长期政治助手皮特·鲁塞尔、澳大利亚网球明星约翰·纽科姆及其妻子安吉一起在酒吧喝酒狂欢。约翰向他介绍了一种澳洲传统的饮酒方式——不用手碰杯子，直接用牙齿咬住马克杯的边缘，然后把头向后仰，让啤酒自动流入喉咙。这种新奇的饮酒方式给小布什带来了极大的乐趣。那一晚，大家都玩得很开心，也喝了不少酒。随后，小布什开车回家。

正所谓"乐极生悲"，小布什在回去的途中遇到了麻烦。当地的警察加尔文·布里奇斯看到他开车时速仅为10英里，但是看起来仍然相当费劲，不禁觉得奇怪，便要求小布什接受直线行走测试。结果可想而知，小布什没能通过测试，被认定为酒后驾车。

警察将小布什带到了警察局。这时的小布什酒早已醒了大半，对自己的错误行为深感惭愧。万幸的是，他没有在酒后驾车时出现什么事故。警察局对他的惩罚是罚款150美元，并在一定时间内不得在缅因州驾驶。

曾有朋友到小布什的公寓去探望，开门的瞬间，朋友们惊呆了：空的啤酒罐子，不知多久没洗过的脏袜子、脏鞋子和脏衣服胡乱丢在地板上，旧报纸夹杂在一堆凌乱的物品中，发出旧纸的霉味儿。那张乱得一塌糊涂的床更是让大家大跌眼镜，床架子已经折断了，小布什居然用领带将它绑在一起……

朋友们戏谑地将小布什的房间称为"有毒废品站"，或许只有这样的词语，才能形容小布什的房间。

这些邋遢的习惯，早在小布什上学的时候就形成了。对于穿着打扮，小布什从来不在乎，当别人都在将国际名牌当作身份的象征时，而小布什却穿着朋友送的旧衬衣，而且一穿就是很多年。

当霍尔顿第一天带他到法院去查看石油商人的合同时，不经意地一低头，竟发现小布什一只脚穿着蓝色的袜子，另一只脚却穿着绿色的袜子。还有一次，小布什和朋友去打高尔夫球，还没开场，他那双不知道穿了多久的鞋子就爆裂开来，哭笑不得的朋友只好赶紧给他买了一双新鞋子。

类似的情况数不胜数。小布什不在乎自己的形象，日常生活中更是邋遢不堪。就算朋友取笑，他也满不在乎。他曾有过数不尽的女朋友，但是没有人能够让他做出改变。直到有一天，那个将会陪伴他一生的女子出现，这一切终于有了转变。

当你不愿改变自己时，或许只是还没有遇见那个让你心甘情愿去改变的人。

正所谓"男大当婚，女大当嫁"，已经30岁的小布什依然是个单身汉，这让他身边那些已经结婚的朋友们颇为着急。乔·奥尼尔和他的妻子琼·奥尼尔都希望小布什能早日找到终身伴侣，结束漂泊不定的单身生活。夫妻俩商议了一下，琼·奥尼尔决定把劳拉·威尔奇介绍给小布什。

劳拉是琼·奥尼尔中学时代的好朋友。秀外慧中的她并不缺乏追求者，不过一直没有中意的男朋友。她在奥斯汀一家图书馆担任图书管理员，不过经常会利用假期回到米德兰看望父母。琼·奥尼尔希望能把他们撮合到一起，可意外的是，这遭到了劳拉的拒绝。

原来，劳拉早就听说过小布什，知道布什家族在得州甚至整个美国的政坛上都有着重要的地位。然而，劳拉对政治没有任何兴趣，至于这个出身于政治家族的人，她更没有兴趣。

虽然出师不利，但是琼·奥尼尔并没有灰心。直觉告诉她，这两个人一定可以走到一起。在接下来的日子里，她又和劳拉提起过好几次，希望她能和小布什见一面。不过，劳拉一直没有答应。

时间一晃而过。直到1977年8月上旬，在琼·奥尼尔已经不知道多少次的劝说下，劳拉才终于同意和小布什见一面。这让琼·奥尼尔非常高兴，赶紧把好消息通知给了小布什。

琼·奥尼尔和丈夫在自家后院举行了一个烧烤野餐会，劳拉和小布什都应邀前往。那一天，劳拉穿着一件蓝色的背心裙，姣好的面庞上，一双蓝色的大眼睛忽闪忽闪的，仅仅是看了她一眼，小布什便再也无法将这张精致的面容从脑海中抹去。多年以后，当他在自传中回忆起那场美好的初见时依然记忆犹新："她美丽动人，长着一双迷人的蓝眼睛，举手投足间都散发着优雅的气质。她聪慧高贵，笑声盈盈。如果世上真有一见钟情，那么我对劳拉就是。"

小布什坚信，这就是一见钟情。

在劳拉的想象中，小布什应该是一个浑身透着政治气息的男人，之所以答应见他，无非是因为朋友的一再劝说。但是令她没想到的是，这个出身于政治家族的男人竟然对政治没有兴趣，而且风趣幽默，与他交谈非常轻松愉快。

交谈之中，他们惊讶地发现，两家居然离得很近，甚至他们都曾在加州圣哈辛托中学读过七年级。更令他们震惊的是，两个人在休斯顿竟住在同一座公寓大楼里，只不过劳拉所住的一侧比较安静，那里的人喜欢坐在游泳池边上读书。而小布什那一侧的人喜欢玩水上排球，经常一直玩到深夜。所以，他们虽然住得很近，但是一直没有见过面。或许，他们也曾擦肩而过，只是那时彼此不相识。

这一次见面，两个人都对彼此有好感。一段温润尘缘，在时光里悄然缔结。

第二天，小布什给劳拉打电话，约她一起打高尔夫球。虽然劳拉的球技并不好，但是这不重要，只要看到心爱的姑娘，小布什就觉得浑身充满了力量。

不过，令小布什格外遗憾的是，劳拉在奥斯汀工作，在米德兰没待几天，就回奥斯汀了。

小布什曾有过数不清的女朋友，但是没有一个能让他如此倾心。从见到她的那一刻起，他就开始希望有一个家，一个属于他和劳拉的家。

劳拉离开后，小布什陷入了无限思念之中。一有空，他就会跑到奥斯汀去看望劳拉，以慰藉内心抑制不住的思念。

和劳拉在一起，小布什非常愉快。他们既相似，又互补，在很多问题上，两个人的见解常常不谋而合。小布什是个喜欢高谈阔论的人，而劳拉则是一个忠诚的聆听者。小布什豪放不羁，劳拉则沉稳冷静。她为人真诚，做事认真，小布什被她深深地吸引了，他爱上了她的一切，爱上了有关她的每一个细节。

劳拉有一只黑白相间的短毛猫咪，名叫杜威。在遇到劳拉之前，小布什并不喜欢猫，但是爱上劳拉后，他居然和劳拉的猫相处得非常融洽。

杜威猫的名字来源于图书馆学"杜威十进分类法"，热爱工作的劳拉，干脆用这个充满了学术与工作味道的名字来为自己心爱的猫咪命名。在劳拉的感染下，小布什也爱上了这只可爱的猫咪。

有人相恋多年却最终分道扬镳，也有人相识数日就步入婚姻殿堂。缘分真是一种玄妙的东西，当你遇见了那个对的人，便会从内心生出一种无穷的力量，让你义无反顾地和他在一起，纵然万劫不复也在所不惜。

一种强烈的成家渴望，在小布什心里蔓延开来。虽然和劳拉相识不久，但是他确信，她就是他的妻子，一生中最重要的伴侣。一天夜里，小布什大胆地对劳拉说出了那句酝酿已久的话："我们结婚吧！"

那一刻，所有的激动与忐忑都涌上心头，他既期待又害怕，唯恐劳拉会拒绝他。不过，劳拉的反应让他狂喜不已——她几乎毫不犹豫地就答应了。

订婚后没多久，小布什带劳拉回家看望父母。小布什的家人非常喜欢她，在布什这个热闹的大家族里，劳拉几乎人见人爱，与每一个人相处得都非常融洽。

小布什告诉父母，他决定和劳拉近期结婚。这让老布什十分高兴，他翻看了一下日程表，发现11月的第一个周末有空，便立即将儿子的婚期定在了1977年11月5日。

随后，小布什又和劳拉回到米德兰，正式拜见自己的准岳父岳母，请求二老把女儿嫁给自己。劳拉的父母欣然答应，女儿能够找到一个合适的丈夫，他们都开心不已。

从相识到结婚，他们只用了短短三个月的时间。不过，两个人都坚信，对方就是自己一生的伴侣。他们结婚时非常低调，只有家人和米德兰的朋友参加了婚礼。

婚姻是一个人一生中最重要的一次转折。选择一个什么样的伴侣，对自己的一生有着至关重要的影响。小布什曾骄傲地表示：迎娶劳拉是他一生中做出的最好决定。劳拉是一个秀外慧中的女子，她用自己女性的柔爱与温润，弥补了小布什身上的一些不足，并使他将身上的一些小毛病渐渐改掉。

结婚后，小布什经常和劳拉一起到教堂做礼拜。信仰本身就是一种力量，和劳拉在一起，小布什就像脱缰多年的野马终于找到了归宿一样，从此，他不再是一个浪荡子，而是一个好丈夫，还将是一个好父亲。

对于小布什来说，劳拉是他一生中最宝贵的财富。在谈到婚姻时，他曾这样说道："我认为，婚姻与家庭会使人安定下来，尤其是当你严肃地对待自己誓言的时候。我就是如此的。"

虽然劳拉不喜欢政治，但是她非常喜欢嫁到布什家族的感觉。不过，如果那时候小布什就表现出对政治的强烈愿望，或许她不会同意小布什的求婚。她喜欢安静，结婚之前就曾郑重地要求小布什，不要让她在公共场合发表演说，因为她不喜欢抛头露面。尽管那时的小布什满口答应，但是后来他还是食言了。朋友们也都知道这件事，所以常常开玩笑地说小布什是个"骗子"。

夫妻俩都已经过了而立之年，结婚不久就准备要孩子了。然而，事情并没有他们想象得那么顺利，结婚后的几年里，他们尝试了各种办法，却始终没能如愿。最后，焦急的夫妻俩决定领养孩子。

起初，小布什对领养是不太接受的，但是在他了解了很多关于领养的知识后，终于接受了。而且，他的朋友中就有领养孩子的，生活非常幸福。经过一番细致的准备后，小布什和劳拉找到了一家位于沃斯堡的埃德娜·格拉德尼收养中心。这是一家有名的领养机构，早在1887年的时候就成立了，一位卫理公会派的传教士创建了这家收养机构。经过数年的发展，格拉德尼已经成为全世界最大的收养机构之一。

小布什通过电话与他们取得了联系。该机构的主任露比·李·皮斯特邀请他们到医院参观，在那里有一些产期将至的孕妇。她们会把孩子生下来，然后送给那些准备领养孩子的人。

收养的申请程序非常严格，全部完成需要经过几个月的时间。首先，小布什夫妻俩要接受初步的面试，还要填写一份内容繁多的调查问卷。通过第一轮考核后，收养机构还会派一名代表对他们进行家访。为此，小布什夫妻俩进行了精心的准备。

就在这时候，劳拉忽然惊喜地发现，自己怀孕了。

1981年年初，小布什陪着妻子到医院进行了超声波检查。医生告诉他们：劳拉肚子里有两个漂亮的女宝宝。这让夫妻俩欢喜不已，小布什将那张扫描图称为他们家的第一张全家福。

既然有了自己的孩子，也就没有了收养的必要。劳拉给收养中心的主任打了电话，对她表示歉意。露比·李·皮斯特主任安慰劳拉说："亲爱的，这种事情时有发生。我们中心帮助夫妇的方式不止一种。"

那时候，小布什忽然想起在最初的调查问卷中，他们曾在"倾向于收养一对双胞胎"一栏画了勾。而现在，劳拉居然真的有了一对双胞胎，或许这也是一种天意安排。

在怀孕的第七个月后，劳拉被确诊患上了先兆子痫。在医生的建议下，劳拉住进了达拉斯的贝勒医院，每天卧床静养。

小布什非常担心。童年时代痛失妹妹的记忆，在他的脑海中翻卷而来。他将心中的不安告诉了妻子，但是妻子的反应让他格外欣慰。劳拉眨着那双漂亮的蓝眼睛，坚定地告诉他："乔治，我会把这对女儿带到世上的。她们会健健康康地来到人世。"

妻子的坚强与勇敢深深地打动了他。双胞胎女儿降临尘世，那是他一生中最激动最难忘的时刻。他们用双方母亲的名字为这对姐妹命名——一个是小芭芭拉，另一个是小珍妮（一译小詹娜）。医生告诉他们，两个小宝贝身体都很健康。直到此时，小布什才终于松了一口气。他期待女儿降生已经很久了，每一天的等待是幸福，也是煎熬，现在终于能把她们抱在怀里，他感觉简直如在梦里。

小布什说："我一生中经历了一些非常激动人心的时刻——总统就职典礼，大众面前演说，在扬基球场开球，但是没有任何一个时刻能够与一对女儿的出生相比拟。"

女儿出生的第二天就是感恩节。回忆起当时的情形，小布什说："感恩正是我当时的感受。我感恩上帝，赐予我两个女儿；我感恩医护团队，给劳拉最好的照顾；我感恩劳拉，是她的决心和毅力让女儿健康出世。"

照顾孩子是一种甜蜜的艰辛。双胞胎女儿的出生，给这个家庭带来了无限生机。每天，她们会像定时闹钟一般哭闹起来，还经常在半夜时大哭不止。小布什只好把她们从床上抱起来，一只手抱一个，在房间里转着圈哄她们睡觉。后来，回想起当时的情景，小布什不无幽默地说："我倒想给她们唱摇篮曲，但是我一首也不会唱，所以我就给她们唱耶鲁的战斗之歌，'牛头犬，牛头犬，叭喔喔……'这样可以让她们不哭，也许只是她们不想再听我唱歌了。"

一个成功男人的背后，不仅仅有一个默默奉献的女人，还会有一个温馨幸福的家庭。对于小布什来说，与劳拉结婚是他一生中最重要的决定，她给了他幸福的家庭，用她的温柔善良挽救了这个曾经花天酒地的浪荡公子。

第二部分
辉煌

总统之路

一个好汉三个帮

通往成功的路上，总是遍布着失败者。只不过有些失败者倒下了，就再也不愿起来，而有些失败者则忍痛前行，执着地为梦想而战，终于成为了成功者。

小布什的婚姻一帆风顺，但是事业并不尽如人意。公司发展时好时坏，更要命的是，随着20世纪80年代的到来，石油行业出现了一场比较严重的危机。在这场危机中，小布什损失了40多万美元。到1986年上半年，他的公司已经欠下了300多万美元的债务。

20世纪80年代中期，米德兰出现了严重的经济危机。在危机面前，大家都力求自保，小布什的投资人也纷纷离去，一时间，小布什竟穷得只剩下响亮的名气。

然而，名气不能当饭吃，心情抑郁的小布什常常借酒浇愁。当人想醉的时候，或许轻呷一口，就能醉到疯癫。小布什本来就是个嗜酒如命的人，加上心情抑郁，几乎每次喝酒，都会喝到酩酊大醉。

小布什因为醉酒出过不少洋相。在这段时间里，他酗酒闹事的老毛病又犯了。有一次，他在达拉斯的一家墨西哥餐厅用餐，刚好遇到了《华尔街日报》驻华府记者站的主任艾尔·亨特。就在几天前，小布什曾看过亨特在《华盛顿人》4月刊上发表的一篇文章。在文章里，亨特分析了即将到来的1988年总统竞选的形势，并揣测杰克·坎普有可能击败现任副总统乔治·布什，成为共和党的总统候选人。

从小到大，父亲始终是小布什心中无可撼动的英雄偶像。当他看到这段分析时，便气愤不已，觉得亨特是在刻意诋毁父亲。

没想到冤家路窄，还没有几天，他竟然在这里遇到了亨特。几杯酒下肚后，小布什心里蔓延的怒火陡然升腾。他盯着亨特看了一会儿后，忽然猛地站起身来朝着亨特的座位走了过去。

亨特已经注意到了面带愠色的小布什，正感到费解时，小布什已经三步并作两步地蹿过来，站在他的桌子前唾沫横飞道："你他妈的不是什么好东西。我忘不了你写的东西。"

小布什的粗鲁言行让亨特大感不解，一时间不知道该说些什么。亨特不知道自己哪里得罪了小布什，在他的印象里，他与这位副总统的长公子似乎从未有过交集。小布什满嘴满身都是浓烈的酒气，亨特意识到，他一定是喝醉了。小布什发泄够了之后，摇摇晃晃地离开了，亨特一面松了一口气，一面在心中暗想："这个家伙一定有毛病。"

那一年，小布什已经39岁。对他来说，因为酗酒而闹出的麻烦绝不仅是这一件。适量的酒能带给人欢愉快乐，但是过量的酒却能让人丑态百出。酒醒之后，小布什对自己的荒唐言行懊悔不已。小布什渐渐意识到，酗酒已经对他的声誉造成了严重的影响。他也曾很多次想过戒酒，也尝试过很多次，但每一次都坚持不了几天，就向馋虫投降了。起初，小布什告诉劳拉自己准备戒酒时，劳拉总是欣慰地鼓舞他。但是见他三番五次食言，信心也随之消失。当他再提起戒酒时，她几乎没有什么反应。

当一个人处于无助的困境之中时，信仰的力量往往能给人以希望。小布什曾说过："宗教是我生活的一部分。"在那段低迷时光里，人们对宗教的信仰愈发虔诚。早在安多弗读书的时候，小布什便在学校的要求下定期前往教会。虽然那时是学校的硬性规定，但是经过耳濡目染，他也或多或少地对宗教有了一定的了解。后来他就读于耶鲁大学，自己是从来不去教会的，不过有时候会为了不让母亲生气而前去做做样子。

若一个人对宗教从不信到信，大多是因为有求于"神灵"。或许，读书时的小布什的确没有什么需要求助于"神灵"的，但是在他有了自己的宝贝女儿后，一切都变了。他开始定期前往教会做礼拜，信仰的力量如同莲花，在他心中悄然绽放。他觉得，他有责任让女儿们接触信仰，让她们在这种虔诚的信仰中健康成长。

小布什非常善于交际。在教会里，他和教友们相处得非常融洽。他很享受这个过程，有时候还会读一读《圣经》，并把它看作提高自己的一门课程。

1985年的夏天，小布什一家人像往年一样前往缅因州看望父母。这一次，老布什夫妇邀请了著名的福音布道家比利·格雷厄姆到家中做客。晚饭后，老布什请他回答家中成员提出的问题。

老布什问道："比利，有人说你必须经历过重生才能进天堂。我母亲是我所有认识的人当中最虔诚的信徒,但是她还没有重生的经历,她也会进入天堂吗?"

听了父亲的提问,在一旁的小布什不禁暗叹问题的高深。格雷厄姆回答道:"乔治,有一些人需要经历重生才能理解上帝,但是有一些人生来就是基督教徒。据你所说,我认为你的母亲就是一个天生的基督教徒。"

小布什听过格雷厄姆的回答后不禁钦佩不已。第二天,他们一起散步,随便聊了一些家庭琐事。小布什告诉格雷厄姆,他有两个女儿,并相信读《圣经》可以让他做个好人。格雷厄姆告诉格雷厄姆,耶稣给人类树立了有力的榜样,但是自我提高并不是《圣经》的精华所在。基督教的核心不在于自我,而在于基督教本身。他还告诉小布什:我们都是罪人,所以无法通过善举获得上帝的爱。获得救赎的道路是上帝的恩典,要想找到上帝的恩典,唯一的途径是拥抱耶稣基督作为复活的主——上帝的独子。慈爱的上帝赐予他唯一的儿子征服死亡,打败罪恶。

小布什觉得非常深奥,对他讲的这些似懂非懂。不过,格雷厄姆的话在他心中播下了一颗种子,困惑的土壤渐渐松动。

回到得克萨斯州没多久,小布什收到了格雷厄姆寄来的包裹,里面是一本活石版《圣经》。格雷厄姆在扉页上写道:"赠给我的朋友乔治·沃克·布什,愿上帝永远保佑你和劳拉。"另外,他还引用了《圣经·新约》第一章第六节中的一句话:"我深信那在你们心里动了善工的,必成全这工,直到耶稣基督的日子。"

对于迷茫的人来说,信仰便是方向。在信仰的指引下,无论生活跌入怎样的深渊，他都能找到出路。对于绝望的人来说，信仰便是希望。因为有信仰，黑暗的世界里才有阳光。

小布什说，信仰是旅程——通往更深刻的理解的旅程。无论如何，当小布什意识到信仰的力量时，他的人生也变得光明起来。

1986年，小布什已经40岁。过生日那天，小布什和朋友们又喝了很多酒，大家为健康干杯，为孩子干杯，甚至为孩子的保姆干杯。仿佛每一件事物的存在，都能成为干杯的理由。一直玩到后半夜，大家才散了场各自回家睡觉。

第二天一早醒来，小布什有些昏昏沉沉的。回想一下，脑海中居然一片空白，昨夜的很多事情都记不清了。

酗酒所带来的伤害远比快乐多得多。小布什想到了以前因为酗酒而闯下的祸，又想到深爱自己的劳拉和两个女儿，他渐渐意识到：一定要戒酒，不能再这样放纵下去了。

这一次，小布什是认真的。或许，信仰给了他无穷无尽的力量，让他比以前更重视自己的诺言。当他把自己的想法告诉劳拉时，劳拉只当他又是随口说说而已，所以只轻描淡写地说了一句："那很好啊。"

不过，小布什接下来的表现却让她越来越欣慰。他真的不再饮酒，每天的生活非常规律。她非常支持丈夫的做法，为了避免他又半途而废，她每天都会监督他，只要他表现出一点想喝酒的意思，她就会温柔而严肃地向他发出警告。

对于一个人来说，40岁有着重要的意义，这是人生中的一道分水岭。

古人云，"四十不惑"。也就是说，到了这个年纪，已经能看开一切、看透一切，要有一颗独立而达观的心，不再为外界所诱惑。40岁的那一年，小布什终于下定决心戒酒，这是他一生中所做出的最艰难的决定之一。

戒掉一个已经深入骨髓的习惯何其难？虽然朋友们也都知道小布什在戒酒，但依然会在他面前开怀畅饮，这对于小布什来说无疑是一种煎熬。不过，他终究是忍住了。戒酒之后的他如同脱胎换骨，亲人、朋友们对他的毅力与决心也都钦佩不已。

恰在此时，老布什正在紧张地筹备着总统竞选工作。这对布什家族来说有着重要的意义，小布什当仁不让地加入了父亲的竞选阵营。

1986年9月底，小布什暂时放下了在西得州的石油生意，全力以赴支持父亲的竞选。

小布什曾问父亲，他在为他助选时将会被赋予什么头衔。老布什告诉他：如果你的名字叫乔治·沃克·布什，那么你为乔治·布什竞选就不需要任何头衔。

这个没有头衔的头衔实在霸气十足。后来，当小布什面对记者的采访时，也将这句话告诉了记者。

对于老布什来说，1988年的总统大选是关乎命运的一场角逐。如果他落败，那么这一生的政治生涯也将画上句号。如果胜出，这将是他在政治舞台上最后的辉煌。

老布什已经当过两届里根政府的副总统，小布什非常希望父亲能接替里根总统入主白宫。父亲给了他足够的自由，让他自己选择脚下的路。但是他还是决定投入父亲的竞选阵营中去，从小到大，父亲就是他最崇拜最敬重的偶像，他相信，父亲一定会成功的。

小布什不仅自己绝对忠心于父亲，还要求其他人和他一样忠心于父亲。有一次，布什一家人与后来的布什阵营的竞选经理阿特沃特分析竞选形势与策略，小布什忽然对阿特沃特说道："我们怎么能够相信你呢？"

当时，阿特沃特的政治咨询公司同时也在为另一名可能成为总统参选人的共和党人杰克·坎普工作，所以小布什有这方面的担心。面对小布什的质问，阿特沃特一愣，然后反问道："你这话可当真？"小布什说道："我当然当真。在我们家族，如果你投入战斗，我们要你彻底和我们战斗在一起。我们热爱乔治·布什。如果你要为他工作，你就要忠心耿耿地为他卖力。"

阿特沃特郑重而严肃地答道："如果你认为忠诚是一个问题，你到时候可以到华盛顿来监督我。如果我对你父亲不忠诚，你可以赶我走。"

在竞选工作中，小布什所监督的不仅仅是阿特沃特一个人。他不允许任何人对父亲不忠，更不允许他们打着父亲的名义谋私利。

每一种经历，都是一份财富。在为父亲竞选的时候，小布什也积累了丰富的人脉，结识了很多在共和党内极具影响力的人物与团体。这也为他以后的政治生涯打下了基础，对于一个政治家来说，这是千金不换的无价之宝。

小布什经常充当着父亲和竞选团队的中间人的角色。每当父亲对某一个人不满意又不好直接出面时，小布什就会出面为父亲解决这些问题。如果有人在大选中大出风头，甚至喧宾夺主，忘了自己的身份，小布什就会严肃提醒他，迫使其收敛自己的言行。

有一次，阿特沃特在华府公寓的卫生间里接受媒体采访。当时，他只穿着短裤头，形象非常随便。面对镜头，他大谈自己帮助乔治·布什竞选的功劳。当小布什的母亲芭芭拉看到这条新闻的时候，不禁格外愤怒。她觉得，阿特沃特的言行，是对乔治的极大不敬。小布什知道后，立即找阿特沃特谈话，并要求他向自己的母亲道歉。

阿特沃特迫于小布什的压力，赶紧写了一张道歉信，向芭芭拉表示歉意。

在一次接受记者采访的时候，小布什曾这样说道："我认为，有时候，有些人会做出让我母亲不高兴的事。如果有些人将我父亲竞选的情况泄露出去，并把我父亲提出的竞选主张与政策说成是他们的主意，这些都会令她特别生气。这时，我就会去找那些人谈话，提醒他们需要小心一点——同时还要向他们解释，如果他们不当心，可能将会有麻烦。"

尽管以前的小布什对政治不感兴趣，但是他的周身始终满布政治的空气。在为父亲竞选的同时，他也在心理上接受了政治，爱上了政治。甚至有一个梦想开始在心底生长——他希望能竞选得州州长，像父亲一样在政治的舞台上大显身手。

此时的小布什不仅仅是在为父亲而战，更是为自己圆梦。9月份，小布什忙得不可开交，仅仅在一个星期里就马不停蹄地跑遍了得州的二十多个城市。在为父亲拉选票的同时，小布什也在为自己以后回得州发展而探路。

恰在此时，小布什从朋友比尔·德威特那得知，得州游骑兵棒球队的老板埃迪·奇利斯由于财政问题准备卖掉这支棒球队。德威特早就想拥有一支自己的棒球队，所以在得知这个消息后，马上打电话问小布什有没有兴趣和他合伙买下得州游骑兵棒球队。

小布什的朋友们都知道，他非常喜欢打棒球。对于德威特的提议，小布什很有兴趣。他打算在1990年竞选得州州长，如果能在得州拥有一支自己的棒球队，那自然是再好不过了。

老布什几乎毫无悬念地摘取了总统桂冠，成为美国新一任总统。这更让小布什坚定了自己的决心。多年来，他一直生活在父亲的光环里，在崇拜父亲的同时，自己几乎没有什么作为。他要开启属于自己的天地，去得州实现心中的梦想。

当小布什宣布自己的决定时，大家都吃了一惊。因为大家都觉得，他的父亲刚刚当选了总统，这正是他前程无量的时候，他可以在华府随便做一些事情，有父亲的荫庇，什么都不用担心。但是他们并不知道，在小布什帮助父亲竞选的那一天起，他就已经决定，竞选一结束，他就会离开华盛顿。

父亲的梦想已经实现了，接下来要实现的是自己的梦想。小布什要回到属于自己的生活中去，因为他深知，父亲的光环不会荫庇他一辈子，他要依靠自己生长出坚实的羽翼，用自己的力量翱翔天空。

小布什对于竞选很有胜算。有一次接受记者采访时，小布什信心满满地说道："如果我参选，我将是最有希望的竞争者。这是绝对的，我对此毫不怀疑。在像得州这样媒体极具影响力的州里，名字是十分重要的。而我拥有一个响亮的名字。"

1988年的冬天，小布什进行了细致的筹备工作。他拜见了得州各地的共和党负责人及筹款人，了解了各方面的情况。尽管他满怀信心，但是根据得到的信息分析，此时他竞选州长时机还未成熟。

父亲对于他的志向颇感欣慰，但是根据各方面的情况来看，他并不支持儿子在这个时候参选。朋友们也纷纷表示反对，有人说：你的父亲刚刚担任总统，如果你此时参选州长，可能会给你们父子两人带来意想不到的困扰。也有人坦言：你现在还没有声望，几乎没有任何政治资本来参选州长。

听了家人和朋友们的忠告，小布什权衡利弊后最终决定暂时放弃竞选州长。这件事放下后，购买得州游骑兵棒球队的事便提上了日程。要想购买这支棒球队，最先需要解决的，便是寻找投资人的问题。不过，小布什拥有着极高的知名度，解决这一问题对他来说是非常轻松的。

当你要成就一番大事业时，光靠一个人的力量是远远不够的。个人智慧固然重要，但是毕竟势单力薄，只有拥有了一支属于自己的队伍才能集聚强大的力量。小布什经营的这支棒球队非常成功，在这段时间里，他不仅得到了丰厚的金钱回报，更在得州树立了自己的威信。他向人们证明了自己的实力，使得州人民知道，除了白宫有一个布什总统之外，在得州还有一个从事棒球事业的布什。

长久以来，小布什一直生活在父亲的荣耀光环之下，即便是他有了什么成就，人们也会理所当然地认为那是他父亲的功劳。但是在远离父亲的得州，他用自己的努力获得了人们的认可，他终于从父亲的羽翼下走了出来，开拓了属于自己的新天地。

直到今天，小布什对自己当年的棒球事业依然津津乐道。这是他完全通过自己的努力开创的事业，在这段时间里，他积累了政商两界的大量人脉。通往政治的路已经越来越明朗，小布什的州长梦已经触手可及。

不过，此时老布什的连任竞选却不太乐观。1992年6月，《华盛顿邮报》上刊发的民意调查结果显示，布什总统的民意支持率已经落在了民主党总统候选人比尔·克林顿之后，甚至还有继续下滑的趋势。为了帮助父亲竞选，小布什请了几个月的假，从得州赶到了华盛顿。

抵达白宫后，小布什敏锐地感觉到了父亲在此次竞选中的劣势。首先就是他的竞选班子管理混乱，人心不齐不说，就连明确的政治竞选纲领都没有。其次，父亲的竞选理念中几乎没有选民所关心的经济与就业问题，而这恰恰是最大的竞争对手克林顿在竞选理念中所极力宣扬的。

为了整顿秩序，小布什建议父亲辞退那些不够优秀的、表现不佳的人，尤其是那个曾提出增税主张而引起众怒的经济顾问理查德·达曼。将他赶走，可以平息选民对他的怨气，这样才能提高支持率。

小布什对于此次竞选进行了精密的监督。有人说，他是老布什的知己。后来，当小布什谈到此事时这样说道："我当时的工作就是要人守规矩一些。我根本不在乎别人怎么看待我。"

父亲是他心中一座巍峨的山。即便此时父亲所面临的形势不容乐观，父亲依然是他心中的英雄。无论竞选结局如何，他都会背水一战。

新闻媒体对老布什毫不客气，经常挑他的毛病，这让小布什非常气愤。《纽约时报》记者莫林·多德及《时代》周刊记者斯特罗伯·塔伯特都曾撰文公开批评老布什，小布什对他们也毫不客气，甚至公开要求他们向父亲道歉。

尽管小布什做出了最大的努力，但是老布什败局已定，他终究没能力挽狂澜。对于这次失败，他简直比父亲还要难过，一连很多天都极为消沉。有些事情，即便你早就知道结局是令人悲伤的，但是当结局来临时，还是会忍不住难过。向来乐天的小布什甚至痛苦地对一位朋友说："我们离开这里吧，我不想让任何人看见我们流泪。"

那些天几乎是小布什一生中最消沉、最灰暗的日子。回到得州后，为了转移注意力，他开始参加马拉松长跑训练，并参加了长达四个多小时的马拉松比赛。每天，他都会坚持三到四英里的慢步长跑。在那些奔跑的时光里，小布什也渐渐明白，他必须接替父亲成为家里的顶梁柱，布什家族的荣耀，需要由他延续下去。

1993年1月，在克林顿入主白宫的欢庆声中，老布什的政治生涯宣告结束。虽然小布什为之心痛，但是这对他的政治前途来说，也不无益处。从此，他可以在政治舞台上大显身手，不必瞻前顾后。老布什政治生涯的结束，却是小布什政治生涯的开始。

这正是小布什竞选州长的好时机。他进行了一番缜密的分析，在心理上做好了充分的准备。在得州生活多年，他越发觉得自己有义务去领导和改变得州，带领得州人民开启新纪元。

此时，小布什已是万事俱备，只欠东风。不过，妻子劳拉依然对政治不感兴趣。她想要的不是叱咤风云的荣耀，而是柴米油盐的幸福。她有深爱的丈夫，还有两个可爱的孩子，生活平静而幸福，这就足够了。当她得知丈夫准备竞选州长时很不高兴，甚至好几次向小布什泼冷水。

假如多年前她就知道会有这样的一天，从最开始就不会接受小布什。然而，人世间的一切都在变化，人也如此。此时的小布什，已经不再是当年那个对政治漠不关心的年轻人了，随着时间的流逝，责任感在他的肩头愈发沉重。他不能继续站在政治的门外袖手旁观，他要实现自己的梦想，同时也要延续布什家族的荣光。

其实，劳拉不支持小布什参选还有一个重要的原因，那就是不想看到深爱的丈夫失败。当时得州有一位德高望重的女州长安·理查德，她在得州有着强大的影响力，劳拉认为，小布什几乎没有可能打败理查德。

不过，这并不能影响小布什参选的决心。最后，劳拉也不得不转变态度，对丈夫表示支持。

很多人都为小布什捏了一把汗。他们认为，小布什与精明强干的理查德州长竞争，无异于以卵击石，要想胜出几乎是不可能的。他们担心如果小布什竞选失败，这将使布什家族雪上加霜。不过，小布什有着强大的自信心，他相信自己一定能够在竞选中胜出。当被问及"究竟是什么使你充满自信"时，小布什坚定地回答道："我可以击败她。"

自信不仅可以让自己充满力量，更能赢得别人的信任。小布什的身上洋溢着阳光的味道，事业的春风也随之而来。他的自信，也给身边的朋友带来了无穷的力量，他们相信他、爱戴他，并全身心地为他投入到这场角逐之中。

得克萨斯的新州长

竞争给人以压力，也给人以无穷的动力。在竞争面前，懦弱的人越来越卑微，坚强的人却越来越强大。当小布什决定了参与这一场州长的角逐时，就已经做好了与对手厮杀的准备。竞争对他来说没有什么可怕的，反而还有一种微妙的诱惑，就像山林间的猛虎嗅到鲜血的味道一般。

小布什最大的竞争对手自然是理查德。长久以来，在人们眼中，小布什的身份一直是"老布什的儿子"，而理查德却是实实在在的自己。身为女子，理查德拥有女性所特有的敏锐，而多年的政治生涯，又让她不乏男人的智慧。她是个不折不扣的女强人，甚至令很多男人都望尘莫及。

不过，这世上没有十全十美的人，只要是人，就会有各种各样的缺点与不足。在竞选的过程中，候选者们除了要表现出自己的优势以外，还要紧紧盯住对手的不足，将其曾经犯过的错误一一指出并加以攻讦。为了能赢得竞选，小布什的竞选团队也对理查德进行了细致的调查。

他们发现，在理查德任职期间，得州虽然有所改变与发展，却是以那些失败的贷款、房地产交易等为代价的，这不仅加重了普通民众的生活负担，而且还有一些人对此颇有微词。他们还发现，在20世纪80年代中期，达拉斯的两个久负盛名的旅游景点竟遭遇了令人讨厌的形象问题。在很多人眼中，得州依然是那个杀死肯尼迪的危险地带，甚至在某些地方，得州成了"暴力""恐怖"的代名词。

这些问题无疑成为了理查德的阿喀琉斯之踵。不过，这对于小布什来说是件大好事，反对理查德的人越多，小布什就越有胜算。理查德还曾发起过一个民粹主义运动，但是遭到了政敌威廉姆斯的反对。他不仅当众拒绝了她的握手，还对这个运动大放厥词，说了很多歧视女性的话。他甚至嬉皮笑脸地谈到强奸问题：如果不可避免，那就享受它吧。

威廉姆斯对理查德的攻击造成了一定的恶劣影响。不过，政治的天地里永远不会风平浪静，投身政治，就必须拥有强大的内心。理查德是一位誉满美国的女州长，所以，只要走上万众瞩目的巅峰，非议就不可避免。

理查德于1991年就任得州州长，那时她曾向选民承诺：给他们一个全新的得克萨斯州。就职后，她的确采取了很多措施，也对得州的发展做出了重要贡献。理查德在担任州长之前曾做过销售员，所以在经济发展及各种娱乐项目的投资上做得非常出色。当理查德60岁生日的时候，很多政界、商界、演艺界的知名人士都前去为她庆祝。

要想打败这样一位优秀的竞争对手并不是一件容易的事。小布什的竞选团队进行了民意调查，结果显示理查德的支持率为58%。罗夫安慰小布什道：他们只不过是欣赏她的发型，并不是效忠她的。

这种安慰几近自欺欺人。不过，小布什没有丝毫退缩。而且，他们还在调查中发现了这样的现象：有20%的选民在听到乔治·沃克·布什的名字时，立即想到了他的总统父亲。老布什虽然已经离开了政治舞台，但是他所留下的余热依然存在，这种影响不会在短时间内立刻消失。

小布什做了很多次巡回演讲，他的幽默与爽朗深深地感染着人们，支持率也在稳步上升。在老布什离任7个月的时候，布什家召开了一次家庭会议。此时，小布什的弟弟杰布也决定竞选州长，看着两个前途无量的儿子，老布什颇感欣慰。他以其丰富的政治经验，给两个儿子做参谋，俨然成为了他们的军师。对此，小布什感慨道："在我们家里，父亲第一次明白他已不是主角了，他已经退居第二位了。"

长江后浪推前浪，老布什的辉煌渐渐隐入历史，而小布什的政治序幕正在拉开。小布什拥有一个枝繁叶茂的大家族，这对他来说有利也有弊。老布什曾找历史学家探讨过他们悠久深厚的家族历史对两个儿子竞选州长可能存在的不良影响。早在17世纪的时候，布什家族就落户到了美洲大陆，在很长一段时间里，"布什"这个名字一直和华尔街投资银行等重要机构紧密相连，外人看到的是他们的无上荣光，然而他们并不知道，布什家族一直试图摆脱这种身份。

老布什成功地做到了弃商从政，对他来说，想要的都已经拥有，得不到的也已经释怀。对他而言，以后的心愿就是看着孩子们大展宏图，将布什家族的荣光延续下去。

为小布什效力的这些人里，除了有小布什培养提拔的人才以外，还有一些曾经是老布什团队里的人。他们久经"沙场"，是小布什重要的参谋。曾经被老布什任命为西南地区政治长官的贝里成为了小布什的竞选活动总负责人。

老布什除了要为长子小布什做参谋以外,还要时刻提点次子杰布。兄弟两人同时竞选州长,这在美国几乎史无前例。小布什竞选的是得克萨斯州州长,弟弟杰布竞选的是佛罗里达州州长。兄弟俩各自忙碌着,也时刻联络着。小布什在演讲中说道:"我竞选州长并不是因为我是乔治·布什的儿子,而是因为我是芭芭拉和珍妮的父亲。"而在佛罗里达州,杰布也说了同样的话,只不过是把"芭芭拉"和"珍妮"换成了自己孩子的名字。人们猜测,或许这也是兄弟俩早就约定好的。正所谓"兄弟同心,其利断金",两个人看起来是在两个"战场",实际上却是并肩作战。

小布什的充沛精力简直令人震惊,杰布对哥哥总是满怀敬畏,甚至羡慕不已。竞选的压力让他几乎无法喘息,但是哥哥却始终潇洒自如。杰布如是说:"倘若你生活在这种环境里,每天都能感受到压力的存在,就会惧怕它。大多数没有经受过这种压力的人会敬而远之。我的意思是说,这种压力看起来非常奇怪,不可理解。乔治在这方面有优势,他从来不觉得有过压力。"

意气风发的小布什吸引着整个得州的注意,甚至有很多年轻人视他为偶像。

赫尔南得茨是一名刚从得克萨斯大学毕业的大学生。20多岁的他穿着笔挺的西装,成熟中又充满着蓬勃的朝气。他希望能为小布什工作,并几经辗转找到了小布什竞选活动负责人的电话。那一串号码成了他实现梦想的救命稻草。赫尔南得茨经过再三努力,终于得到了一个面试的机会。

年轻的他非常珍视这个机会，比约定时间提前了整整一个小时来到面试的办公室。在这段时间里，他将那些事先准备好的"台词"背了无数遍，比如选择这项工作的缘由，比如为什么要为小布什工作……

紧张的面试开始了。不过，赫尔南得茨只能通过电话和这位心中的偶像交谈。虽然只是听见声音，但是阅人无数的小布什立即就判断出这是一个怎样的人。他对赫尔南得茨非常满意，甚至走出了办公室亲自和他交谈。

在小布什出现在自己面前的那一刻，赫尔南得茨几乎高兴得晕了过去。对他来说，小布什一直是神一般存在于他心中的偶像，而此时，他竟然距离他这么近，甚至能和他面对面地说话。在他看见小布什进门的那一刻，小布什的翩翩风度立即吸引了他，他几乎是看见了一位高贵的总统，正向自己健步而来。

小布什带着赫尔南得茨到了自己的办公室，进行了长达两个小时的谈话。最后，赫尔南得茨成为了小布什的秘书，每天负责小布什的日程安排及各种杂七杂八的事务，有时候还要兼任小布什的司机。他会及时为小布什送上他爱吃的薄荷糖和三明治，保证他每天都有时间完成三英里的慢跑，并且保证跑每一英里的时间都控制在8分钟以内。

小布什为竞选程序做了精心的安排。他计划在5天之内走遍得州的27个城市——这简直是一种疯狂的计划，但是精力旺盛的小布什完全做得到。他们从休斯顿开始，在这里安排了一个15分钟的新闻发布会和一个简短的会议，然后立即赶往机场。接下来是圣安东尼奥、奥斯汀、达拉斯、马绍尔、泰勒、圣安吉罗、维多利亚、哈林根等城市。每一天，小布什都会辗转五六个城市，每天从早到晚忙得不可开交。

在这段时间里，奥尼尔一直守在米德兰静观事态发展，为小布什打理后方。离开之前，小布什就曾想到，他此行必然会招致理查德的怨恨。果不其然，小布什这边刚展开行动，得到消息的理查德就信口开河说：小布什一定是被钱烧昏了头。后来，奥尼尔谈到这件事时曾猜测小布什听到这句话后的反应："他一定恶心得想吐。"

其实，对手越是打击自己，小布什就越是满怀自信。当一个人需要用恶毒的语言攻击他人时，他的内心一定是恐惧的，因为无法用脚步追上对手，所以只能用言语去中伤别人。

这位优秀的女州长遇到了对手。小布什的战斗力简直超乎她的想象，她意识到，此时的小布什已经不仅仅是老布什的儿子，更是他自己。他已经用自己的力量站稳了脚跟，依靠父亲的荫庇，已然成为历史。

一天，小布什和赫尔南得茨下了专机后驱车来到新闻发布会现场。

小布什似乎毫不紧张，车外的景物飞速后退，他的脸上写满了愉快与轻松。倒是赫尔南得茨显得忧心忡忡，一副"皇上不急太监急"的样子。小布什开玩笑说要给赫尔南得茨取一个好听的绰号，赫尔南得茨一听，不禁心焦道："该想想你的演讲了吧！"

这句话对小布什来说没有任何效用。少顷，他眼前一亮，想到了一个合适的名字："现在你的名字叫……Izzy。"

赫尔南得茨一听满头问号："那不是奥林匹克吉祥物的名字吗？"

小布什笑道："不，不，你的名字叫Izzy。"

车子很快来到了新闻发布会的现场——位于加利雷亚购物中心附近的休斯顿旅馆。

步入中年的小布什拥有着与父亲极为相像的容貌。在新闻发布会的前一天，《休斯顿时报》刊出了一篇关于小布什和得克萨斯共和党妇女联合会会谈的文章，在配图时居然用了一张老布什的照片。尽管休斯顿旅馆距离老布什的家只有一里之遥，但为了避嫌，老布什夫妇都没有露面。

一大群记者早就在休斯顿旅馆等候多时了，看着小布什的竞选车队靠近，他们立即蜂拥而上。

而此时的小布什依然神情自若，甚至哼起了小曲儿。

竞选演讲开始了。小布什以一种轻松而饱满的神态对着麦克风讲道："我把得克萨斯看作一种生活方式，一种精神状态，一种思维方式……我不想让得克萨斯成为加利福尼亚的翻版……我坚信每个人都应为自己的行为负责。所有的公共政策也应遵循这一原则……"

整场演讲中，小布什主要围绕四项基本内容展开：侵权行为改革，犯罪问题，教育问题以及福利问题。有一位石油商这样评价道："这其实是十分简单的公式。我将要解决四个问题。我将为此不遗余力。我将为此不遗余力。我将为此不遗余力。"

小布什的观点非常明确，这是他和父亲的竞选演讲所不同的地方。小布什在父亲身上学到了很多东西，但是当父亲失败的时候，他也体会到了其中的教训。老布什的民意测验调查员曾这样评价小布什："他很注意从他父亲那里学习处理事情的方法,但他同样会用不同于他父亲的方式处事。"

与此同时,40岁的杰布也在佛罗里达州展开了竞选演说。他和哥哥一样是个幽默风趣的人,当人们听到他诙谐地说希望自己能改名为里根时,都忍不住捧腹大笑。

小布什得到了广泛的认可,但是也不乏非议。有人认为,小布什还不够成熟,还不能胜任州长这个重要职位。大多时候,小布什都会表现得潇洒而不失风度,不过有时候,压抑在心底的暴脾气也会如火苗一般跳出来,让身边的人惊骇不已。

一次集会上,当小布什正在演讲的时候,一名大学生打断了他的话,坚持要求与他面对面地谈一谈他的刑事公正方案。这让小布什格外恼火,他极力压制着心中的愤怒说道:"你不需要召开一个记者招待会,而我,才是要召开这个会议的人。"由于心中压着怒火,他说话的声音都变了,让人听起来有些不寒而栗。在这次集会开始之前,小布什还从采访记者名单上划掉了一名来自华盛顿的记者,因为他怀疑这个家伙曾中伤过他的父亲。

人总是会忍不住自己的脾气,但当你想要发脾气的时候,请先想一想,你的能力是否撑得起你的脾气。小布什有发脾气的资本,所以当他沉下脸来时,身边的人都会有被震慑的感觉。

不过,与竞争对手理查德州长相比,小布什还是处于劣势的。《华尔街日报》刊发了一份报告,上面对理查德在推动经济发展和担任得克萨斯州第一推销员方面的表现打了满分,这无形中给小布什增加了巨大的压力。

那时,小布什正在一个偏僻的小镇研究新的竞选策略。他强调说:

"我不想让得州成为加州的翻版。"小布什的话不仅仅是针对政治,更是针对加州过于奢侈的生活方式。言外之意,小布什对那种豪华奢侈的生活方式表示不屑,而这也正是广大得州人民的心声。相比之下,理查德则显得更像是加州的奢侈一族。小布什的这个策略用得恰到好处,对于小布什最后的胜利起到了重要作用。

在小布什与理查德互相"揭短"的过程中,两个人都绕开了一个敏感的问题——吸毒。没有人知道小布什究竟在那段放荡的年月里有没有吸过毒,在被人问及时,小布什也总是含糊其词。有传言说,理查德曾亲自承认过自己吸毒。无论有没有,他们都对此事只字不提。

理查德和小布什还有一个相似之处,就是都曾有过酗酒史。

多年以前,嗜酒如命的流浪歌手尼尔森来到了得州,并在奥斯汀勉强找到栖身之所。恰在此时,他结识了理查德,而理查德也跟着染上了酗酒的毛病。不过,理查德的戒酒方式和小布什不太一样,她在朋友的劝说之下,终于决定戒酒。并最终在明尼苏达治疗中心成功地改掉了酗酒的毛病。

如果说理查德是在外界的力量下才成功戒酒的,那么小布什就是在内心的力量下摆脱了酒虫的困扰。

这两个相似又相斥的竞争者展开了激烈的角逐,而新闻媒体为了吸引人的眼球,更是将他们的事迹添枝加叶地报道出来,甚至有些捕风捉影的消息也成了他们报道的对象。甚至还有人言之凿凿地说小布什有过婚外恋史。

对此,老布什非常愤怒。不过,小布什似乎早已刀枪不入,甚至一反常态地在公众面前大谈他那毫无责任感的年轻时代。不过,他只是笼统而谈，只说了一些无关痛痒的话，至于重要的细节则只字未谈。小布什希望能用这种方式转移公众的视线，当人们将注意力投放到他那狂放不羁的年轻岁月里时，就不会有人再去挖掘他的私生活了。

有时候，转移对方的注意力或许比拼命解释有用得多。小布什非常聪明，如果他一味地解释，反而会越描越黑，但是当他将人们引领到另一个区域后，之前的问题也就不了了之了。

在竞选准备工作中，筹款是一项重要内容。到1994年初，小布什所筹到的款项比理查德少了160万美元。看着长子处于劣势，老布什夫妇终于按捺不住亲自出马了。这年3月，他们两次现身于豪华宴会，并为小布什带来了160万捐款。

长子的问题解决了，次子杰布还需要他们的帮助。老两口马不停蹄地赶到了佛罗里达州，亲自随着筹款车跑了11个城市。

可怜天下父母心。即便是威风八面的老布什，也总是把儿女当作心中的宝。尽管他已经离开了政治舞台，但是心依然停留在原来的地方，因为那里又多了两个熟悉的身影。小布什和杰布，尽管他们已经是中年人，但依然是他的孩子。

在小布什的形势刚刚有所好转的时候，新一轮的激战又开始了。理查德竞选团队见之前的策略没有取得预想的效果，转而调转目标，开始瞄准小布什的商业记录，称他的公司从未赢利，只不过是靠着布什家族的背景勉强支撑而已。

不仅如此，理查德还向公众表示："和一个没有头脑的人竞选真是费劲。"起初，她的语调还很平和，但是渐渐地，她开始给小布什送上了一连串的绰号——侏儒、乳臭未干的小子、乔治王子，等等。其实，当一个人越是大声地谩骂他人时，他的内心往往越是恐惧。理查德竞选团队对小布什的攻击似乎没有起到多大的作用，这让他们非常沮丧。

1994年8月，得州宛如一座火炉，小布什竞选团队中的每个人都大汗淋漓。不过，大家依旧井然有序地工作着。有一次，他们的竞选车队停在了一所小学门前，小布什潇洒地从车中走出。大家本以为会看到一个风度翩翩的男人，但是小布什的举动却让大家惊呆了：只见他野蛮地上下挥舞手臂，一边摇晃着一边兴高采烈地叫喊。

小布什的幽默如同一阵清风，拂过那一年燥热的夏天。他的亲民形象深深地印在了得州人民心里，大家支持他、爱戴他。不过，持反对意见的也大有人在，毕竟理查德州长已经先入为主。9月来临时，小布什与理查德打成平手，不分上下。

随着大选日期的逼近，这场角逐已近白热化。大选前三周，得州的民意调查结果显示，小布什的支持率已经高于理查德。这是个好消息，对于小布什以及他的竞选团队来说是最好的鼓励。

在小布什的智囊团里，有人强调，不要让公众觉察到他们攻击理查德，否则公众将会认为这是对老布什的维护，是一种报复行为，甚至会被曲解成小布什参加竞选的首要原因。小布什似乎骨子里透着一股好战的基因，为此，罗夫想方设法让小布什消除这种倾向。大家像训练小学生一般教小布什如何控制怒火，如何不被别人激怒。

在竞选的18天之前，在达拉斯有一场辩论会。那一天，小布什跑步回来后告诉赫尔南得次，他需要单独待一会儿。

后来，赫尔南得次无意间看到窗外有人开着车不停地绕着小布什家的房子驶来驶去，仔细看时，原来是负责新闻发布会的胡格斯因。她在车里给赫尔南得次打了个电话，非常不安地问道："会惹麻烦吗？"

小布什的竞选团队简直比他这个参选者还要紧张，但是小布什却总是轻松自如。在辩论中，小布什谈道："我一直都在商业界工作。如果得克萨斯需要一个一生都在政界工作的人士作为州长的话，那我肯定不合适。"他笑容满面，语气平和，听起来似乎是在陈述自己的劣势，实际上却是以退为进。这大大出乎了理查德的意料，她完全没有想到小布什竟会使出这么一招。

理查德竭尽全力地抨击小布什，但是小布什却极有风度地接受了这些抨击。小布什的表现让所有人为之震惊，就连他的表妹艾里斯也惊叹道："这简直难以想象。我的表兄就像一条叼着骨头的狗，他准是经历了某种艰难的转变，所以懂得管住自己的舌头不乱说话，也变得能控制自己的情绪了。"

小布什做竞选前最后一次乡间旅行演说的那一天，刚好是他与劳拉结婚17周年的纪念日。那一天，他特意穿了一双鳗鱼皮靴和得克萨斯风格的农场工作服，还在一家饭馆点了一份炸鸡排。这让他看起来更像是土生土长的得州人，让那些普通大众一看便会产生一种亲切的感觉。

在同一时刻的达拉斯，他的竞争对手理查德为维护妇女堕胎的权利而发表演说，希望借此力挽狂澜。

不过，理查德的希望非常渺茫。达拉斯两家最大的报纸——《休斯顿时报》和《达拉斯早报》都倒向了小布什这一边。在临近竞选的这几周，小布什的支持率迅速攀升，而理查德的支持率却日渐下降。人们一致认为，小布什在得州的城郊及农村地区所下的功夫要比理查德多得多，这些地方经常遭受干旱、洪涝等自然灾害，由于地处偏远，所以媒体几乎从不青睐它们。但是，小布什的出现，就像一颗闪光的磁石，迅速吸引了媒体的注意，而这些原本名不见经传的地方也随之受到关注。所以，那些原本支持理查德的人转而开始支持小布什。

小布什在得州长大，所以他始终将自己当作得州人，这一点也为他赢得了一定的支持率。在大选之前，小布什和父亲在公共场合几乎没有什么接触。直到竞选这一天，老布什才驱车来到竞选场地。大选的一个星期之前，一位记者还曾猜测：小布什拥有着深厚的家族背景，那么他该何时动用自己的家族影响力呢？是在台下，还是在州长办公室里？对此，小布什诙谐地回答道："作为造就国王的人，我从来没有那样想过问题。这不太符合我的性格。假使你叫乔治·布什，又具备我这样迷人的性格，至少是外向型的性格，你会很难避免成为一个公众人物。"

当老布什出现在小布什身边时，人们都难掩惊讶之色：这父子俩，简直就是一个模子里刻出来的！老布什表现得很随意、很谦虚，但是，眼角眉梢隐隐透露着一分欢喜，一分骄傲。

在休斯顿与父亲共同露面之后，小布什随即返回达拉斯。他给自己定了一个规矩：每天竞选活动结束后，他都要回到达拉斯。第二天一大早，小布什早早起床来到达拉斯的一所小学办理选民身份证照片。由于头一天晚上没睡好，此时的小布什感觉昏昏沉沉的，更严重的是，他发现自己竟然忘了带钱包和选民身份证。不过，负责人并没有为难他，还是让他到帘子后面投了票。当天下午，他和劳拉带着12岁的双胞胎女儿整理了行装，飞到奥斯汀住进了选举套房。

那一天，父亲给他打了不下十个电话来了解情况。小布什一直处于领先地位，而且这种优势一直在放大。晚上10点，小布什这一方接到了理查德打来的电话，她表示愿意放弃竞选。

有人说，那一刻理查德露出了前所未有的轻松表情。长久以来的压力，在那一刻全部释放。对于已过花甲之年的理查德来说，她想要的生活已经经历过了，既然这一次得不到，她也能够释怀。

电话这头的小布什简直欣喜若狂。几分钟后，父亲又打来电话，小布什立即将这个振奋人心的消息告诉了父亲。晚上10点30分，小布什和妻子劳拉带着两个女儿进行了准备，随后前往舞厅。那一晚，几乎半个米德兰的人都挤到了这家舞厅里，大家开怀畅饮，还有一些人做出各种搞怪的动作来吸引"新州长"的注意。

最终，小布什以54：45的比率赢得了大选。他所获得的总票数为335504张，这是20年来最高的票数。

小布什对聚集在台下的人群说道："我想感谢分布在全国各地的所有家人，特别是想对两位休斯顿居民表达我的爱——如果你们不太确信我指的是谁，那么我来提醒一下吧：他们中的一位有一头银发，并带着珍珠项链。"

那一刻，老布什夫妻俩正聚精会神地坐在休斯顿的家里看电视直播。他们一边看着，一边猜测着儿子将会说什么。看到电视上言辞恳切的儿子，老两口欣慰不已。

在小布什的胜利欢呼声中，身处迈阿密旅馆套房中的杰布却满怀失落。他只获得了74500票，只能打电话给对手表示放弃。那一天晚上，杰布在打了两个电话后便一个人独坐到天亮。他一边喝着苏格兰威士忌，一边考虑着自己以后的政治前途。

尽管心痛，他还是为哥哥的胜利而高兴。在他心目中，父亲是排在第一位的英雄，而哥哥则是第二位。这两个，都是他用一生去敬爱、去仰慕的人，哥哥的成功消散了他失败的阴影，让他在沮丧中感受到了温暖的阳光。

小布什时代的到来

叛逆过，放纵过，也疯狂过。走过那些放荡不羁的年纪，小布什终究走向了人生的正轨。他是一个坚毅的人，当他决定了要做什么事的时候，便会显示出惊人的毅力与才华。他赢得了这场竞选，成为了得州的新州长。

1995年1月17日，小布什在酒店里为自己即将开始的就职典礼做准备。这时候，母亲芭芭拉递给他一个信封。小布什打开后，发现里面是两枚衬衫的衣袖扣子和一封父亲写给他的信。老布什不是一个善于表达感情的人，于是书信便成为了他抒发内心真实感受的最好方式。在信里，老布什这样写道：

亲爱的乔治：这两枚袖扣是我最珍贵的宝贝。这是1943年6月9日我的父母送给我的，当时我在科珀斯克里斯蒂获得了空军军衔。现在我想把它们给你，你也已获得空军军衔，在空中翱翔。如今，当你宣誓就职州长的那一刻，你将再次展翅高飞。

这份珍贵的礼物使小布什甚为感动，并备受鼓舞。带着父母的期许，他满怀自信地在就职典礼上发表了演说，向得州人民宣布：他将会建立一个负责任的得州。他慷慨激昂地讲道："过去30年来，我们重视个人责任的文化已渐渐被集体负罪的文化所取代。这种状况必须结束。一个新的追求自由的得州必须重建个人责任。"

小布什成为新州长，这是民心所向。不过，那些支持理查德的选民却非常伤心，他们认为，得州失去了一位最杰出的、有着全国影响力的民主党人。就在小布什当选为州长的第二天，一个全裸的男人出现在通往全美最大的州议会大厦正门的国会大道上。他浑身上下只穿了袜子和软底胶鞋，裸露的胸膛上写着几个精致的字母：黑色星期二。他的光屁股上写着"I Love Ann"（Ann即小布什的竞争对手理查德）。这名男子的无声示威引来了很多人的围观，大家纷纷驻足，甚至跟随他的脚步而移动。

不过，小布什很快就以自己的实力征服了那些反对者。以爱咆哮著称的副州长鲍勃·布洛克也夸赞小布什，称他是一个"非常讨人喜欢的年轻人"。

要让布洛克称赞一个人可不是什么容易的事。要知道，这位65岁的副州长性情暴躁，是得州人最害怕的民主党人。布洛克负责管理得州参议员的日常工作，私下里，很多政府官员都称呼他为"州长"。布洛克喜欢恶作剧，有一次，他给一位专栏作家寄去了一盒牛粪，并附言："这是牛屎，你的栏目比它好不了多少。"

当一个从来不赞美他人的人说出赞美的话语时，他的话绝对比其他人的话更有分量。

小布什深知人际关系的重要性，如果单靠一个人的力量，几乎无法在这广袤的政治天地里生存。

政治舞台上的帷幕已然拉开，小布什的时代终于到来。在他上任后不久，就迎来了得州议会。他是天生的社交明星，就任不久，就和州议会里的民主党人建立了良好的关系。身为共和党人，能得到民主党人的支持是很不容易的。

要想让自己的议案通过，就必须得到两党议员的认可与支持。所以，他一直致力于拉拢议员，以诙谐而不失亲切的态度对待每一个人。他会给议员们起绰号，和他们开玩笑，以此来得到议员的好感。有一次，小布什为了通过一个议案，专门亲自来到负责审理该议案的民主党籍的委员会主席的办公室。一见到这位委员会主席，小布什就抱着他的头在他的脸上狂亲。这种亲热的举动缩短了双方的距离，在热情的州长面前，委员会主席也不好意思拒绝了。

小布什有着极强的协调能力。在任期间，他和很多民主党议员成为了好朋友，在不同的意识形态里，他努力去团结民众，促成民主党与共和党的和谐共处、互相协作，以保证自己的意见能够为民主党和共和党共同接受。

小布什深知与立法机构保持良好关系的重要性，而副州长是他的重点拉拢对象。副州长同时也担任州参议院议长，主持各大立法委员会，还拥有着决定各项议案审议顺序的权力。而且，州长与副州长是分开选举的，所以两个人未必是来自同一个党派。而小布什这一届恰好是这样，他来自共和党，而他的副州长鲍勃·布洛克来自民主党。

布洛克曾担任州审计长长达16年之久，1990年时被选为副州长。他是个极具管理能力的人，为了能保持消息灵通，他把自己的前雇员和朋友们安插到了政府的各个部门之间。因此，小布什敏锐地感觉到，布洛克可能会让他的州长日子不好过。

有些问题总是具有两面性，愚者只看其弊，而智者则懂得思其利。小布什认为，如果能说服布洛克与自己合作，这将为他以后的工作大开方便之门，他也将多一个弥足珍贵的朋友。

在当选为州长之前，小布什就考虑到了这个问题，因此他提前来到奥斯汀，拜见了布洛克及他的妻子简。在小布什按响门铃后，前来开门的正是简。她优雅美丽，脸上满溢着热情的笑容。进门后，小布什见到了布洛克。这是一个结实瘦小的人，脸上刻满了岁月的沧桑。小布什早就得知，布洛克曾与4个女人先后有过5段婚姻，而简是他最后一任妻子，也是他一生中最爱的女人。

布洛克曾是个嗜酒如命的人。据说，有一次酩酊大醉的他竟然对着小便池开枪，令人惊骇不已。烟对他来说更是有着致命的诱惑，由于长期吸烟，导致他患上了严重的肺病，甚至不得不将肺切除了一部分。但是这并没有减少他对烟的喜爱。

布洛克对小布什彬彬有礼，并将他请进了书房。在小布什的印象中，那间书房如同一个研究图书馆，里面摆放着一摞摞文件、报告、数据。

布洛克知道小布什的竞选主题部分是围绕着少年司法改革而展开的，便拿出了一份厚厚的文件给小布什，并告诉他：这是一份关于少年司法的报告。

之后，布洛克又拿出了一堆关于教育与福利改革的报告给小布什看。他是一个直爽坦荡的人，对于小布什的到来，他表示欢迎，不过也明确告诉他：他支持的，是理查德。但是，如果小布什在这次竞选中获胜，他愿意与他合作。

因此，这次奥斯汀之行收获满满，也为小布什赴任州长后带来了有力的帮助。

众议院的议长皮特·拉尼也是小布什需要结交的人。算起来，皮特与小布什还是老乡，他也来自西得州。皮特是黑尔森特小镇的棉花农场主，小布什还曾去过那里。皮特是个低调的人，很少表露自己的观点与想法。生活中，低调的人所拥有的朋友往往比高调的人所拥有的朋友还多，而皮特正是如此。尽管他是民主党人，但是他在共和党内也有不少朋友。

担任州长不久，小布什决定与皮特、鲍勃每个周一都一起吃早餐。这是一个很好的沟通渠道，能够让小布什了解立法情况。小布什希望自己的议案能早日通过，所以每个周一的早餐时间也随之成为了开会时间。

在一次早餐时间，布洛克刚好也在，他表示希望法案的事情尽快付诸行动。小布什吃着煎饼、培根，不紧不慢地喝着咖啡，然后听见皮特慢悠悠地告诉布洛克：法案会通过的。

结果，布洛克对他不紧不慢的样子大为恼火。他像一座火山爆发般怒吼起来："州长，我要搞死你，我要让你看上去像个傻子！"

小布什并没有与之针锋相对，稍作思考后站起身来走向布洛克，然后诙谐地说道："你要想搞我，那你得先吻我一下啊！"然后，他故意抱了抱布洛克。结果布洛克挣脱了他的怀抱，冲出了房间，其他人都忍不住哈哈大笑起来。

小布什不会因为党派不同而对某些人有所偏袒或轻视。共和党内有一些右倾保守人员，小布什的一些政策与他们所倡导的几乎完全相反，所以，这些人对小布什颇有微词。

汤姆·鲍肯曾担任得州共和党主席，在小布什提出税制改革议案时，他表示极度不满。小布什提出的议案规定，州政府把交易税提高半分钱，并对某些专业合资公司（如律师、会计师、医师）课以新税，用这笔钱来资助一些贫困的公立学校，以此改善得州的教育状况，提高得州中小学学生的文化素养。

小布什的出发点是好的，但这不像是一个共和党人的主张，反倒像民主党。所以，这难免遭到了共和党内一些保守势力的攻击。

不过，小布什并没有在乎这些非议。他以自己极强的人格魅力赢得了广大民众的喜爱，并很快在民众心中树立了亲民与实干的形象，甚至被人们视为"王子"。

在竞选州长时，小布什向民众许下了提高教育水平、加强就业指导等承诺，上任后，他很快就将这些承诺付诸实践。在这些举措中，小布什尤其注重教育。他认为，教育是得州社会经济发展与进步的基础，如果教育失败,那么得州所面临的将不仅仅是经济问题,更将带来一系列的社会问题,比如贫困,比如犯罪……

小布什曾说:"教育在一个州里的地位,就像国防在联邦政府中的地位,它是最优先也是最急迫的挑战。"在小布什就任州长的那一年,得州正面临着前所未有的教育危机。那年得州公立学校的学生在一次全州的阅读考试中,居然有1/4的人不及格。不仅如此,还有很多学生甚至没有通过全州范围的数学考试。

为了解决教育问题,1996年1月,小布什专门召开了一次全州的教育工作者会议,呼吁各界人士关注教育问题,尤其是儿童的受教育情况。小布什强调说:"我们的儿童是我们的未来。我知道,当我强调没有任何事情比有太多的得州儿童不能阅读这种危机能拖垮我们的未来时,你们也会分担我深切的忧虑。"

小布什提醒大家,那些在小学三年级毕业还没有阅读能力的孩子,很可能这一生都不会再学习阅读。当他们走向成年,将会一辈子在社会的边缘痛苦挣扎。教育的缺失,会导致大批人走上犯罪的道路,最后被关进监狱。而那些没有犯罪的,则会加入到领取社会救济福利的大军之中,他们将会给社会福利带来严重压力。

小布什在教育上的努力取得了良好的效果。在他的坚持下,得州议会通过了一项关于将犯有重罪的未成年人当作成年人来审判的议案,并任命了一个严厉的假释评估委员会,要求他们提高假释标准。在"重罚"与提高教育水平的情况之下,得州的犯罪率开始明显下降。

小布什的卓著政绩得到了各界的好评。无论是共和党，还是民主党，都对他赞赏有加，广大民众更是格外热爱这位优秀而务实的州长。一时间，全国的媒体都转向了小布什，他的事迹、形象多次出现在美国的《时代》周刊及《纽约时报》《基督教科学缄言报》《波士顿环球报》等刊物上。

在美国政坛上，小布什俨然成为了一颗冉冉升起的新星。在1996年夏天的共和党全国代表大会上，小布什被推举为大会的共同主席，甚至有一些人推选他为副总统候选人。不过，久经沙场的老布什告诫儿子，他至少做好两任州长，才能考虑竞选全国性的公职。

此时，四年前在佛罗里达州失败的杰布经过四年的养精蓄锐，再次角逐州长之位。在这一次竞选中，杰布表现得更像他的哥哥。他竞选理念上，他也打起了富有同情心的保守主义的旗号，并全力争取原本支持民主党的黑人选票及犹太裔选票。最后，杰布成功地战胜了竞争对手，成为佛罗里达州的新州长。

与此同时，小布什也成功连任了得州州长。布什家族双喜临门，老布什夫妻俩倍感欣慰。他在日记中骄傲地写道："翌日，我将成为美国第二大与第四大州州长的父亲，我为两个优秀的儿子感到自豪！"

在庆祝连任州长胜利的演说中，小布什激动地谈道："今天晚上的胜利说明，我的具有同情心的保守主义哲学正在帮助得州成为一个更加美好的地方。而且，今晚的胜利还寓有更多的含义。它表明，一个具有同情心与保守主义的领导人能够消除性别鸿沟，把共和党的大门开放给新的面孔与新的声音，我们没有牺牲我们的原则而赢得这次胜利。"同时，他也没忘向在佛罗里达州的弟弟祝贺："我想利用这个机会对佛罗里达州新当选的州长说几句话：干得好，兄弟！"

之前，也就是小布什50岁生日那天，劳拉在州长官邸为他开了一场惊艳的生日晚会，他们在米德兰、休斯顿以及达拉斯的亲人、朋友们都参加了晚会，小布什在安多弗、耶鲁及哈佛的同学，也都纷纷赶来庆祝。像布洛克、拉尼等奥斯汀政界同行，也纷纷来到了小布什的生日晚会。

夕阳西下，生日晚会正式拉开了序幕。布洛克笑容满面，站在麦克风前说道："生日快乐，你这个超级棒的州长。布什州长，您将成为下一届美国总统。"

布洛克语出惊人，小布什不禁大吃一惊。那时他当上州长仅仅一年半，克林顿击败老布什成为美国的新总统还没满一个任期，小布什甚至还没去想1998年州长连任的问题，布洛克却忽然提出了总统大选。

其实，每个人心中都潜藏着一种野心，那是一种连自己都不敢相信的梦想。当这种野心被别人破解并当着你的面说出来时，你会无比震惊，但是震惊之余，你也会重新审视自己的梦想，从内心承认它、接受它，并为之奋战。

从内心来说，小布什是希望自己成为总统的，他要从克林顿手里夺回本属于父亲的总统宝座，要把布什家族的光芒传承下去，并发扬光大。所以，布洛克的一句话，也让他对前途更加明了。

那时候，准备参加总统竞选的人正在紧张地筹备着。共和党提名的候选人是参议员鲍勃·多尔，小布什非常看好他，认为他会成为一名出色的总统。身为得州州长，小布什也为他的竞选造势贡献了一分力量。不过，经过一番血雨腥风的厮杀后，虽然多尔在得州取得了胜利，但是总票数还是不及克林顿，克林顿总统成功地实现了连任。

问鼎白宫

对于一个有梦想的政治家而言,成为国家的最高元首必然是其孜孜以求的终极目标。小布什希望,有一天他也能像父亲那样坐上总统的宝座,延续布什家族的万丈荣光。

事实上,这不仅仅是他自己的心愿,也是人心所向。

1997年的夏天,一场极具破坏力的飓风席卷了得州,风速高达每小时200英里。这场飓风沿着州议会在大厦和州长府一线向前挺进,直到城市北部才停了下来。天降横祸,飓风所到之处皆有伤亡。

就在飓风到来之前,得州议会例会刚刚结束。罗夫借此机会,立即宣布议会例会开得非常成功。他告诉记者,在州议会大厦遭遇飓风侵袭的时候,他接到了很多电话,大家纷纷表示希望小布什州长竞选总统,并自愿帮助他参选。

事实上,罗夫是最希望小布什竞选总统的。在为小布什工作之前,罗夫是菲利普·莫里斯的有偿顾问。从20世纪80年代开始,每一届总统竞选中都有他的影子。他希望自己能成为政界的显赫人物,所以每一次都在努力为别人成为总统而做嫁衣。他相信,说不定哪一次就跟对了人。

罗夫没有完成大学学业，在被邀请到得克萨斯州立大学做演讲时，经常有人问他："一个只有高中文凭的人，怎么能代替大学教授呢？"面对这样尴尬的问题，罗夫面不改色，淡然回应道："我很擅长我现在做的这件事情。"

小布什非常信任罗夫，两个人关系非常亲密，甚至一些下属对他们的亲密感到嫉妒。小布什的一名特别助理曾表示："罗夫和小布什每天交谈的次数不少于20次。而且，他几乎随时都待在州长身边。"

对于小布什来说，罗夫是他最得力的助手，也是他的人生导师。当小布什做错了某些决定时，罗夫总会从旁提点。他在小布什身上看到了总统的光芒，也揣测出了小布什的野心。所以，他热切地期望小布什能够问鼎白宫，成为美国新一任的总统。

罗夫曾说，小布什正是他这样一个"政治乞丐"一生都在等待与其配合的候选人和执政者。

小布什的总统梦想，也是罗夫的人生愿望。

克林顿击败了老布什后，小布什希望能夺回本属于布什家族的总统之位。仿佛是一种宿命的安排，就在他准备参选总统的时候，白宫里爆发了克林顿与莱温斯基的丑闻。随后，克林顿一直试图狡辩，但是最后在铁证如山的证据面前只好承认。因此，小布什对克林顿更加厌恶，他觉得，克林顿玷污了父亲万分珍惜的总统办公室，他甚至当众表示："我为国家感到羞耻。"

人们觉得，这是小布什向2000年总统大选发出的信号。

在小布什明确表示参选总统之前，不计其数的人表达了希望小布什参选总统的愿望。1997年的秋天，小布什准备去一个地方发表演说。这一路上，他遇见了很多劝他参选总统的人。而媒体记者也非常关注这个问题，一再追问他是否会宣布竞选总统。那时小布什的回答是：当我宣布竞选连任州长时，我会回答这个问题。

不过，媒体并不放过他，只要有机会，他们就会纠缠不休地问他这个问题。他们所关注的，已经不是他的连任州长的问题。实在逃不过媒体的追问时，小布什只好回答道："我不知道是否参加总统竞选。"

媒体的追问让小布什有些茫然。1998年的春天，他特意和罗夫一起来到了位于加州斯坦福大学的前国务卿舒尔茨的家，向他请教相关事宜。当时，经历了福特政府、里根政府与老布什政府时期的几位重要幕僚及顾问也在场，如里根政府时期的国内政策顾问安德森、老布什政府时期的经济顾问博斯金、前俄国问题与国家安全问题专家赖斯等人。

他们一面喝着茶、吃着点心，一面讨论小布什在2000年参选总统以及国内外的诸多问题。后来，他们将这次聚会称为"政策沙龙"。在这次"政策沙龙"上，他们为小布什解答了很多问题。谈到是否竞选总统时，小布什这样说道："我的一个担心是这将会把我的家庭置于聚光灯下。如果你想做总统，当你置于聚光灯下之后，你就会总是在聚光灯下。"

随着时间的推移，支持小布什的人越来越多。得州的一次民意调查结果显示，有70%的选民表示支持小布什竞选连任。这意味着小布什1998年竞选连任州长几乎毫无问题，而这对于他2000年竞选总统也是一份重要的保障。

在没有十足的把握之前，小布什迟迟没有宣布竞选总统。不过，他也担心如果参与总统的角逐，他那些年少轻狂时的往事会被对手揪出来，遭到一些别有用心者的攻击，甚至曲解。

1999年初，小布什依然没有明确表态。不过他表示，如果他决定参选，那绝不是为父亲向克林顿"报仇"，而是他对领导这个国家有了明确的想法。

事实上，小布什也在犹豫。政治的巅峰万众瞩目，虽然那是他的梦想，但是他也深知，这条路必然充满艰险与挑战。他并不确信自己能否胜出，如果失败，那必然是对自己乃至布什家族的一次严重打击。

1999年1月21日，加州25名共和党国会议员联名给小布什写了一封信，请求他竞选总统。他们真诚地表示：共和党需要一名能在2000年代表他们夺回白宫的候选人，这个人，就是小布什。

一个月后，共和党全国州长协会主席基亭也公开表示支持小布什参选。他说：我们有许多优秀的竞选人，但是得州州长是最佳人选。

参加总统竞选，已是民心所向。大家都非常看好小布什，也真诚地希望他能成为白宫的新主人。无论是名气，还是经济，抑或是能力，小布什都有足够的资本问鼎白宫。而且，小布什还拥有良好的形象，这是其他州长所不具备的。步入中年的小布什有着良好的绅士风度，长期的锻炼也使他保持了一副好身材。小布什深厚的家族背景，更是其他人所望尘莫及的。在共和党内，本来有一些人已经做好了竞选总统的准备，但是听说小布什可能会参选后，都纷纷打了退堂鼓。与小布什相比，他们的竞争力显得格外微弱。

民主党已经连续两届掌控白宫，接连两次落败的共和党下定决心要在2000年的总统大选中一雪前耻。他们几乎将所有的希望都寄托到了小布什身上，希望他能代表共和党夺回总统宝座。

为了督促小布什参选，美国20多位共和党州长公开表示了对小布什的支持。各州州议会的共和党议员们还纷纷亲自前往得州，向小布什表示忠心。

1999年3月2日，《洛杉矶时报》报道了一条关于小布什的消息：布什州长今天将准备组成由他参选共和党总统候选人的竞选委员会，州长正式决定参选的日期可能会在夏天公布。

对于共和党来说，这是一个好消息。几天之后，小布什在得州奥斯汀举行了新闻发布会，正式宣布成立筹募资金与试探民意为基本目的的"总统研究委员会"。组成委员会的成员多为共和党内的重量级人物，如前国务卿舒尔茨、前共和党全国委员会主席巴布尔、密歇根州州长安格勒、研究俄国与国际问题的专家兼斯坦福大学的教务长赖斯……

在新闻发布会上，小布什表示，他希望能在短时间内筹募到2500万美元的经费，并试探选民对他参选总统的支持情况。同时他也宣布：是否参选总统，要等到夏天才能做出最后的决定。小布什说："我当然对竞选总统非常感兴趣。我将为美国建立一种乐观的、有希望的政治，而不是那种互相攻讦、毁灭个人的狭隘政治。"

虽然还没有正式宣布,但是大家都已将小布什看作总统候选人了。负责总统竞选研究会的舒尔茨非常自信地表示:"在我们完成研究之后,答案一定是参加竞选。"

这一天,小布什正式迈出了竞选总统的第一步。从此,他所面临的压力也更重了一分。要想靠近梦想的太阳,就必须忍受热浪的灼烧。小布什已经做好了充分的心理准备,他要为梦想而战,为父亲而战,也为共和党而战。

时间倏忽而过。当时间的指针指向6月时,得州迎来了热浪逼人的夏天。1999年6月12日,小布什来到了衣阿华州,正式宣布将角逐2000年的总统大选。他信心满满地对公众宣布:"我正在竞选美国总统。我已出发,再也不会回头。我将成为下届总统。"

欢呼声如同潮水般淹没了小布什的尾音。人们热切地期待着,希望小布什能成为美国新的总统,在新世纪到来时为美国开辟新的纪元。

小布什在演讲中抨击了克林顿和戈尔政府"做了那么多许诺,却没有远大的目标",并表示"这届政府机会不错,却没有发挥领导作用。我们将取而代之"。

为了能得到妇女、黑人及西班牙裔美国人的支持,小布什努力树造自己的温和的形象。在治国理念上,他阐述了"具有同情心的保守主义"理念,并承诺对公立学校、社会保障体制以及联邦税制进行改革,比如取消遗产税、降低个人所得税、促进医疗保健体制现代化,保证所有老人都买得起处方药等。这些问题都是平民百姓最关注的问题,小布什的承诺无疑又吸引了一批支持者。

在这段时间里,共和党内空前地团结,所有人都为着同一个目标而奋斗着。

在宣布竞选总统后,小布什和妻子去了缅因州探望父母,顺便告诉他们竞选的进展情况。

此时的小布什已经备受瞩目,所有的媒体都在关注着他的一举一动。当小布什夫妻俩与老布什夫妻俩团聚时,这一家人无疑成了媒体追踪的对象。他们四个人在草坪上散步,背对着波澜壮阔的大西洋,而前面,则是一大群记者、摄影师。芭芭拉看着媒体的架势语出惊人:"1992年的时候你们都跑到哪去了?"在一旁的小布什忍不住哈哈大笑。那一瞬间,小布什想起了以前的许多场景。那些美好的时光,都是母亲给予他的。

小布什钦佩父亲,同时也钦佩母亲。时光流逝,他们的美好年华已不再,岁月的纹路也爬上了他们的眼角。不过,年龄的沉淀让他们显得更具魅力。对着众多媒体,小布什说出了这一生中最大的感悟:作为乔治和芭芭拉·布什的孩子,这本身就是他最大的财富。

回到得州后,小布什来不及回家,就先去了布洛克的家。因为,那时布洛克已经卧病在床,身体非常虚弱。当小布什看见他时,不禁心中一酸。此时,躺在病床上满面倦容的布洛克,与昔日健朗的他判若两人,不仅肌肤失去了往日的光泽,口鼻上还罩着氧气罩。

过度操劳,使他过早地付出了健康的代价。小布什强压着内心的酸楚,轻轻地拥抱了他一下。布洛克挣扎着摘掉了脸上的氧气面罩,从床头柜里拿出一本《新闻周刊》，而那一期的《新闻周刊》，是以小布什的照片为封面的。

布洛克问小布什道："你这张照片怎么没有微笑呢？"即便是重病缠身，他依然风趣幽默。小布什勉强笑了一下，随后布洛克的一句话让他格外震惊，布洛克说道："州长，你愿意在我的葬礼上为我致悼词吗？"说完后，他将氧气罩推回了原来的位置，并闭上双眼。

昔日与你谈笑风生的好朋友，忽然在你面前说到了自己的葬礼，那该是一种怎样的难过与心酸？小布什像自言自语似的又和他说了很多，但是不知道布洛克有没有听见。

之后不久，小布什毫无疑问地获得了共和党全国代表大会的总统候选人提名。随后，小布什开始为自己物色合适的副总统。他想到了在达拉斯的迪克·切尼，不过，他并不确定切尼是否有兴趣成为副总统候选人。不过，小布什觉得如果他不愿意，可以让他帮忙推荐一个合适的人选。

小布什让自己的竞选经理前往达拉斯找他。但是切尼表示：他对现在的生活非常满意，不想再参与政治。不过，他愿意帮小布什领导副总统遴选委员会。

在第一次会议上，小布什列出了副总统的标准：能与他融洽相处，愿意为团队奋斗，能够弥补他所缺乏的政治经验，还有最重要的一点——做好随时赴任的准备。

切尼对这项工作非常认真。按照小布什的这些标准，他招募了一个律师小团队，搜集了潜在候选人的大量资料。

经过一番细致的搜罗、对比与探讨，在夏天来临时，他们已经把范围缩小到9个人身上——4位在任或前任州长，他们分别是田纳西的拉玛尔·亚历山大、宾夕法尼亚的汤姆·里奇、俄克拉荷马的弗兰克·基汀、密歇根的约翰·恩格勒；5位现任或前任参议员，分别是密苏里的杰克·丹福思、亚利桑那的约翰·凯尔、内布拉斯的查克·恩格尔、田纳西的比尔·弗里斯特与弗莱德·汤姆逊。

这是经过精细遴选的结果，而这些人里也只有一个才能成为最终的副总统候选人，甚至还有可能另有人选，因为小布什总觉得，还会有第十个人出现。小布什与切尼、妻子劳拉、卡尔、卡伦以及几个比较信任的竞选助理进行了一番讨论。卡伦认为，汤姆·里奇比较适合这个职位。他早年曾参加过越战，后来担任过公司高级执行官，一旦小布什有什么不测，他有足够的能力帮助小布什管理好这个国家。不过，其他人也有不同的观点，有人认为查克·恩格尔比较合适，他是参议院外交关系委员会主席，有着丰富的外交经验。但在私交上，小布什与弗兰克·基汀、约翰·恩格勒关系比较密切，如果和这两个人中的一个共事，那将是一件非常愉快的事情。不过，有人认为，约翰·凯尔是个保守派，如果他能成为副总统，那么巩固政府基础的问题将迎刃而解。另外，其他几位都是人中翘楚，能够帮助小布什扭转在田纳西州的落后局面。

每个人都有着不同的优点，但是副总统候选人只能有一个。小布什比较欣赏杰克·丹福思。丹福思是一名经过正式任命的牧师，为人诚实可靠。小布什对他的好感，源于1991年最高法院的任命听证会。在那次听证会上，丹福思为克拉伦斯·托马斯做了非常精彩的辩护，那件事令小布什记忆犹新。而且，丹福思还可能会帮助小布什赢得密苏里州的选票，这将为他的竞选带来很大优势。

数学里的选择题总是比应用题简单得多，但是现实生活中做一道选择题却要比做一道应用题难。经过一番深思熟虑后，小布什的脑海中浮现的却是另一个人的身影——切尼。

这是小布什第一个想到的副总统最佳候选人，即便是经过了这一番细致的筛选，他依然觉得切尼最合适。切尼是前任白宫办公厅主任，曾协助福特总统度过了"水门事件"的艰难期。而且，他在国会工作了十多年，在选举上从来没输过。他还曾掌管过一个跨国企业，对私营企业有着独到的见解。更重要的是，切尼具备其他人选所不具备的重要优点——他曾在多任总统经历艰难之时坚定地站在总统身边，这一点使小布什对他格外信赖。切尼的才能不仅可胜任副总统，即便是总统的职位，他也游刃有余。

切尼与小布什有着一定的相似之处，或许正是因为相似，所以小布什对他格外信赖。在生活中，切尼喜欢钓鱼，喜欢各种户外活动。他与妻子感情很好，有两个可爱的女儿。而且，切尼也曾就读于耶鲁大学，不过要比小布什早几年。他风趣幽默，与小布什谈起话来非常投缘。

小布什特意给父亲打了电话，向他征询意见。他把自己确定的人选名单念给父亲听，并单独提出了迪克·切尼。

听到这个人的名字后，老布什说道："迪克是个不错的人选，他能给你中肯的建议，你永远都不用担心他会背着你做事。"

老布什身经百战，对政界的重要人物可谓了如指掌。他能为儿子提供重要的参考意见，为儿子指引方向。

父亲的话更加坚定了小布什心中的选择。当切尼来到农场，向他呈交候选人的最终报告时，小布什试探着说道："迪克，你是一个完美的竞选伙伴。"

其实，小布什已经不止一次表露出希望他能担任副总统候选人的意思了，而这一次，切尼也知道必须认真考虑这个问题，给小布什一个答复了。他想了下说道："我需要跟林恩商量。"

林恩是他的妻子。他们在读高中时相恋，多年来感情非常好。这一次，他没有直接拒绝小布什，而是表示要与妻子商量，小布什觉得这是一个好兆头。随后，切尼又告诉他："玛丽是同性恋。"

玛丽是他的女儿。在听到这句话时，小布什马上明白了这话中的意思。切尼是在试探他的容忍度。

切尼接着又说道："如果你对此有问题，那我就不是你的合适人选。"

"迪克，不急。请跟林恩好好商量。我对玛丽的性取向问题也不能不关心。"小布什笑着说道。

当晚，小布什又找了几位可靠的竞选助手商议这个问题。小布什告诉他们，他正在考虑切尼。

在听到这个消息时，大家都惊讶不已，卡尔更是坦言不同意小布什的选择。为了能化解这个矛盾，小布什特意邀请了卡尔和切尼，并要求卡尔谈一谈反对的理由。

卡尔直言：切尼不会在提高选票率上做出任何贡献，而且他在国会的记录非常保守，还包括一些敏感选票，这些极有可能遭致政敌的攻击。而且，切尼有心脏病，健康问题可能会成为他工作的最大障碍。

听罢卡尔反对的理由，切尼觉得这些非常有说服力，不过小布什并不赞同。他不会在意切尼以前的国会记录，而且他在国会大厦的经历是一笔宝贵的财富。至于无法提高选票率的问题，小布什并不太在乎，因为他觉得选民投票选举总统，最重要的是取决于总统本人，而不是副总统。

为了解决切尼的健康问题，在小布什的劝说下，切尼同意接受医疗检查，并把检查结果送交给了休斯顿一位著名的心脏病专家丹顿·库利。经过分析，库利给他们带来了一个好消息：切尼的心脏能够承受竞选的压力与副总统工作的压力。

切尼是个认真负责的人。在副总统候选人问题上，他从来没有催促过小布什马上做出决定，更不曾要求小布什选择自己。即便小布什已经基本确定要选择他，他还是坚持让小布什见一见杰克·丹福思，然后再做出决定。2000年7月19日，小布什与切尼一起会见了丹福思及其妻子萨利。尽管他们谈得很开心，丹福思也的确如小布什想象中那样优秀，但这并不能改变小布什的决定。他认为，副总统的位置非切尼不可。

一周后，小布什正式向切尼发出了聘书，为小布什遴选副总统候选人多日的切尼，终于找到了最合适的副总统候选人——他自己。

在这之后，小布什乘上了有着16节车厢的竞选列车，在俄亥俄州、密歇根州及伊利诺伊州展开了为期三天的中西部三大州的拉票之旅。

这趟行程非常成功，小布什所到之处受到了热烈的欢迎。这让他倍受鼓舞。在新的民意调查中，小布什的民意支持率已经领先民主党对手戈尔18个百分点。不过，小布什不敢掉以轻心。因为根据以往总统竞选资料推断，民主党8月中旬在洛杉矶举行全国代表大会之后，戈尔的声望可能会上升，民意支持率也会随之提高。所以，谨慎的小布什表示："我了解，竞选有起有落。我想，我们要保持冲劲儿，力拼到底。重要的是，目光紧盯着终点线。"

在共和党全国代表大会之后，小布什的支持率更是将戈尔远远地甩在了身后。当时有专家分析，共和党所表现出的逼人气势已经给民主党敲响了警钟，如果即将举行的民主党代表大会无法提高戈尔的支持率，民主党又找不到好的策略来攻击共和党，那么小布什取代克林顿成为新的总统已成定局。

共和党全国代表大会刚一结束，再也坐不住的戈尔立即展开了如火如荼的竞选活动。他在芝加哥向美国工会成员发表了讲话，极力表示自己将会代表劳工家庭而战。他还将刚刚结束的共和党全国代表大会比喻成一场化装舞会，"面具的后面是同样陈旧的共和党政治"。

为了反击小布什的指责，戈尔强调自己和克林顿总统8年来创造了美国有史以来最强劲的经济。为了能攻击小布什，他还提醒美国人民不要忘记老布什政府时期美国经济陷入泥潭，失业率长期居高不下，并造成了巨大财政赤字的历史。

民主党的全国代表大会将在8月14日召开。戈尔希望能在这场会议召开之前扳回一局，否则等待他的，将是最惨痛的失败。与小布什相比，戈尔明显没有小布什那样超强的号召力与凝聚力。小布什的智囊团里高手如云，而且所有人团结一致。在意识到自己的弱点之后，戈尔准备挑选一位才智兼备的竞选搭档，并提出一个富有战略性的竞选政治纲领。

8月8日，戈尔将自己的想法付诸了实践。他正式提名来自康涅狄克州的参议员约瑟夫·利伯曼担任他的副总统竞选伙伴。这意味着，如果戈尔竞选成功，那么美国的下一届副总统将是约瑟夫·利伯曼。

利伯曼是第一名参与竞选美国总统和副总统的美国犹太人。在被戈尔提名后，他说道："亲爱的上帝，所有奇迹的创造者，我感谢你给我带来一生中这个特别的时刻。"

利伯曼是第一个敢于站出来批评克林顿总统和莱温斯基丑闻的民主党参议员。他为人正直、善良，被誉为"参议员的良心"。所以，无论是民主党人，还是共和党人，都对他充满敬意。

此前，共和党人常常把克林顿的丑闻事件与戈尔联系在一起，但是当有着良好的道德形象的利伯曼站在戈尔身旁时，他们也不好再从道德角度攻击戈尔了。有人猜测，戈尔之所以挑选利伯曼作为副总统竞选伙伴，其目的就是为了吸引独立派选民，并使自己和克林顿总统拉开一定距离，免得再因克林顿总统的风流韵事而招致攻击。选择利伯曼对树立戈尔良好形象有着重要意义，他希望能在打好这些基础后顺利召开民主党全国代表大会，以使出浑身解数来赶超小布什。

戈尔的决策很快就有了良好回应，一时间，他的民意支持率迅速提升。民意调查结果显示，戈尔与小布什之间的民意支持率的差距已经由原来的19个百分点缩减至1个百分点。

8月14日，美国民主党全国代表大会在洛杉矶如期举行。8月17日，民主党提名戈尔和利伯曼为总统候选人与副总统候选人。戈尔表示，如果他当选为总统，将会在医疗、教育和社会安全保障领域增加投入，并承诺改善教育，为中产阶级减税。

在谈到共和党时，戈尔指责共和党庞大的减税计划只能使富裕阶层受益，大多数人的利益则会受到损害，对美国的经济发展也将会造成破坏。他承诺在2012年之前还清所有国债，并将财政盈余优先用于社会安全保障。

这场声势浩大的会议举行了4天。会后，他们重新进行了民意调查，结果显示，戈尔在选民中的声望得到了迅速提高。《新闻周刊》于19日公布的一组民意调查数据显示，戈尔与小布什的民意支持百分比为48%与42%，戈尔领先小布什6个百分点。

戈尔在代表大会上的发言反响非常好。很多人表示，正是因为他的这些承诺才支持他的。戈尔从百姓最关心的问题入手，在经济、环境、妇女、堕胎等方面进行了积极的努力。而在此之前，小布什在这些方面的努力也得到了广泛的认可。另外，戈尔的领导能力也得到了和小布什一样的评价，戈尔的形势得到了好转，共和党和民主党可谓势均力敌。

第19频道的竞选厮杀

　　竞选形势由小布什领先转变为戈尔领先，这场戏剧性的变化令共和党紧张不已。小布什从准备竞选开始，一直都非常顺利，没想到在这个节骨眼上被戈尔赶超。到9月上旬，盖洛普民意调查显示，戈尔已经领先小布什10个百分点。

　　在选举之初，小布什的高人气主要来源于他的个人魅力与媒体渲染，但是随着大选序幕的拉开，选民渐渐地更加关注候选人在具体问题上的立场与主张。在关系到切身利益时，他们需要的是一位切实肯干的人民公仆，而不是偶像。戈尔的主张可谓深入人心，他所讲到的，都是普通民众身边最实际的问题。尽管小布什也提出了"富有同情心的保守主义"的竞选理念，但是相比之下缺乏百姓所关注的具体内容。经过一番较量后，小布什反而落后于戈尔，处于被动地位。

　　一波未平，一波又起。恰在此时，一位批评家站了出来，指责小布什浮浅、不学无术，甚至发言不准，没有认真读过一本像样的书，如果没有写作团队的帮助，他连一篇没有语法错误的文章也写不出来。

　　小布什的确会在演讲中说错话，有时候甚至会让听众觉得莫名其妙。比如，他曾把"vital hemisphere（重要的半球）"说成"vile hemisphere（肮脏的半球）"，把"admissions（入学）"说成"emissions（放出）"……

类似的情况数不胜数。小布什没有想到，这竟然也成为了反对派攻击的对象。人生中很多糟糕的事情往往都是因为祸从口出，说话越多，越容易惹祸上身。即便是万众瞩目的小布什也同样如此。

1999年9月4日，小布什在一次竞选集会上看到了《纽约时报》的记者克莱默，想到他以前撰写了很多令他不满的文章，便对旁边的竞选搭档切尼悄声说道："那就是《纽约时报》的记者克莱默，他是个大混蛋。"

切尼随口回应道："是的，他是个大混蛋。"

在说着悄悄话的时候，他们都没有注意到身旁的麦克风正开着，两个人的悄悄话经过麦克风传遍了全场。

当时，克莱默正在不远处的媒体区进行采访。做了多年记者，这件事却让他成为了被采访的对象。他向媒体表示，他对小布什粗鲁的言论感到遗憾。

小布什的发言人一再强调，这只是布什州长对他的竞选搭档的耳语，绝不是公开评论。不过，媒体才不管这是不是公开评论，他们将这件事当作一个吸人眼球的噱头，在电视上反复播放小布什对切尼耳语的镜头，这使小布什看起来很粗俗，此前的绅士形象几乎覆灭。《纽约时报》《华盛顿邮报》《洛杉矶时报》等各大报纸也都对小布什的粗俗言语进行了批评，一时间，无数人将矛头指向了小布什。

支持戈尔的呼声越来越高。就在小布什辱骂记者事件的前一天，《纽约时报》发表社论对小布什进行了批评。原因是小布什在一则大约30秒的电视广告中嘲笑戈尔称他发明了互联网（戈尔只是说自己在互联网的发展中起了重要作用，并没有说自己发明了互联网），还嘲笑戈尔于1996年在加州的一个寺庙接受政治捐款。小布什的目的是把戈尔描述成为了当上总统而不择手段的形象，但是《纽约时报》的社论说，广告播出之前，小布什曾信誓旦旦地说自己绝对不会进行人身攻击，但是这条广告已经与人身攻击无异。社论中还说，这则广告损害了小布什可爱、自信、坦率的形象，当他以这种方式来攻击对手时，说明他已经信心不足了。

大家都在盯着小布什，看他会使出怎样的招数扳回局面。然而，小布什在面对媒体的"围攻"时竟语出惊人："我承认我是失败者。"

他的脸上没有焦躁，没有愤恨，相反，却满是沉静与自信。他冷静地说道："是的，我失败了。戈尔拥有一个强大的竞选组织，而我的也不弱。我现在已不存在幻想，也不知道选民们的最终选择会是什么。不过，我有信心，在接下来激烈的辩论赛中，我们一定会赢的。"

看着丈夫遭受一轮接一轮的攻击，劳拉非常担忧。后来，在面对《时代》周刊记者的采访时，劳拉说道："报纸上的报道消息不好，电视上的新闻报道也不好。"众口铄金，积毁销骨。媒体有着强大的力量，它能让一个人一夜间红遍大江南北，也能让一个人迅速成为众矢之的。

那时，他们的女儿已经在耶鲁大学读书。劳拉安顿好女儿后，马上回来帮助丈夫竞选。一天下午，她在旅馆里一边看电视一边等出去跑步的丈夫回来。CNN每天下午都会有"内幕政治"节目，当劳拉看到当天节目中对小布什的批评与指责时，心中感到一阵刺痛。

过了一会儿，小布什回到了房间。劳拉立即忧心忡忡地对他说道："这太可怕了。所有的报道都是负面的。"

听见妻子的忧虑之语，小布什有些不高兴，随口说道："请不要为此烦我。"随后又告诉劳拉，他基本不看电视新闻。

劳拉不想为此让丈夫烦恼，便决定和丈夫的竞选团队中的人来解决这个问题。她打电话给罗夫，将自己的意见告诉了他："这种情况需要改变。每个人都需要重新评估。我们需要重新评估我们的计划。竞选已变得四平八稳，所有的竞选活动也变得千篇一律，乔治停止了那些与选民面对面的竞选活动。"

多年前，劳拉还是一个对政治毫无兴趣的姑娘。在小布什参加总统竞选之前，他们曾就这个问题讨论了18个月之久。小布什和她讲了很多有关竞选的利与弊，向她征求意见。劳拉没有劝他放弃竞选，也不明确表示支持他竞选，总是耐心地听丈夫把利弊说完，然后提出自己的看法。

后来，小布什说："如果她反对，她就会如实告诉我，我也就不会参加竞选了。"尽管劳拉对政治没什么兴趣，但是小布什投身政治，她也在耳濡目染中接受了政治。有一天夜里，劳拉忽然微笑着对小布什说："我要与你并肩作战。"这句话给了小布什莫大的鼓舞，让他对竞选更加充满信心。

不过，小布什比较担心两个女儿。那时她们已经17岁，小布什深知，做政治家的孩子是非常不容易的，这一点他自己有着切身的体会。如果他成为总统，那将意味着他很少有时间陪伴家人，与女儿在一起的时间也会非常少。两个女儿想要的，只是一个慈爱的父亲，而不是美国的总统。她们很强烈地表示，不希望父亲参选。有时候她们会认真地说，有时候会开玩笑似的说，但多数时候都是声嘶力竭地叫嚷出来。她们最常说的也是她们最希望的："爸爸，你会输掉的，你没有你想象中那么厉害。"而最让小布什伤心的一句是："你为什么要毁掉我们的生活？"

女儿们的态度让小布什苦恼不已。有一天晚上，小布什让珍妮出来，父女两人坐在州长官邸的后门廊上聊天。小布什耐心地告诉她："我知道你认为我竞选总统会毁掉你的生活。但事实上，我和你的母亲有属于自己的生活，就像我们把你和芭芭拉养大，也希望你们能拥有自己的生活一样。"

珍妮表示，她从来没有从这个角度考虑过。父亲的话点醒了她，从那一刻起，她懂得了父亲的不易。

两个女儿终于接受了父亲的选择。多年以后，两个女儿非常感谢父亲担任总统所给她们带来的机遇，小布什曾多次带着她们到各国去访问。因为总统的工作让他几乎没有什么私人空间，只能以这种方式来陪伴女儿。

逐梦的路上，最希望得到的是别人的肯定与支持，尤其是来自于家人的。妻子与两个女儿都表示支持小布什，这让他倍受鼓舞。

为了帮助丈夫竞选，劳拉也想了很多办法。劳拉向罗夫表示，她希望小布什能深入选民中去，和选民进行直接的亲切交流，亲自将他的竞选主张传达给选民。

她还曾建议丈夫录一档脱口秀节目，将他幽默诙谐的一面展示给观众，让他的形象显得更平易近人一些。不过，小布什对这个建议没什么兴趣，他直截了当地说："那可不行。我是不会这么做的。我不想上这些脱口秀。"

劳拉锲而不舍地劝道："你很善于在脱口秀节目中亮相。你应该上这些节目，让人民有机会认识并了解你，而不仅仅是根据媒体对你的报道。他们将可以真正认识你。"

经过劳拉的努力，小布什和他的竞选团队最终接受了劳拉的建议。9月19日，美国著名的由温弗里主持的电视脱口秀节目里出现了小布什的身影。在这档直播节目中，小布什将他的幽默、亲切和善展现得淋漓尽致。他毫不避讳地谈到了自己以前的经历。在谈到多年前的学生时代时，他坦率地承认自己不如其他同学。同时，他也暗示自己虽然不如戈尔，但依然坚信自己可以胜任美国总统。

他还谈到了自己的生活，直言自己喜欢花生酱与牛油口味的三明治，最喜欢的历史人物是已故英国首相丘吉尔。在谈到心爱的双胞胎女儿时，他的双眼中满溢着父亲的慈爱。当主持人问他外界对他最大的误解是什么时，小布什坦言："可能是我依靠父亲的名望竞选总统。"

这个节目让小布什显得更接地气，此前的小布什仿佛是一个不食人间烟火的神，而这个节目让他成为了有血有肉的人。很多人因此爱上了这个诙谐风趣的州长，并真诚地渴望他能成为美国的新总统。

接下来的民意调查显示，小布什的支持率有了较大幅度的回升，他与戈尔的支持率比例缩小到了2至3个百分点。

电视媒体有着超强的影响力。每一届的总统大选，候选人都会在电视上进行大辩论，一面是为了宣传自己，另一面也是为了攻击对手。电视大辩论对候选人的竞选形势有着至关重要的作用，所以在为这场辩论赛做准备时，所有人都不敢掉以轻心。在辩论赛开始之前，戈尔的顾问预计，首场电视辩论的观众可能多达7500万人，是8月份民主党代表大会观众人数的3倍。

一些摇摆不定的选民也会在观看辩论赛的时候，根据双方的表现来决定最后把票投给谁。

小布什对于辩论赛毫不畏怯，甚至满怀期待。他已经做好了充分的准备，只待辩论赛开始，好与戈尔一决上下。他甚至提出过一个另类的辩论安排建议：从9月12日开始举行三场辩论，其中两场为时一小时，并且只在两家电视台播出。

小布什有他的道理。他希望能早一点开始辩论，使选民有更多的时间将他和戈尔的竞选政策进行比较。不过，这个建议刚一提出就遭到了戈尔方面的攻击。最后，由于反对声音太过强烈，小布什只好作罢，表示遵从总统辩论委员会的安排。

辩论会将于10月份举行，一共三场，届时电视台将予以转播。辩论规则由一个两党小组委员会设定。

为了保证万无一失，小布什在"智囊团"的陪同下进行了一场又一场的模拟辩论，揣测戈尔可能提出的任何问题，并予以回击。

2000年10月4日上午，在波士顿马萨诸塞州大学校园的运动员中心，第一场辩论拉开序幕，话题主要围绕国内问题，涉及五大竞选辩论议题：枪支管制、堕胎、经济、社会福利及预算案与税。两人再次打了个平手。

电视辩论的主持人是美公众广播公司（PBS）著名节目主持人吉姆·莱赫尔。辩论规则大概是：根据抽签结果，戈尔首先拥有两分钟时间来回答主持人的问题，而小布什用一分钟的时间反驳。随后，两人进行自由辩论，时间三分半。第二个问题则反过来，小布什回答，戈尔反驳。直到辩论结束，两人各有两分钟的时间用于总结性讲话。

人们都将电视调至第19频道，观看这90分钟的精彩演说。在第一次辩论中，两人主要围绕的话题是政策问题。

在税务问题上，小布什主张全民减税，而戈尔主张中产阶级税项宽减。戈尔认为，全民减税带来的后果是，有钱人会更加有钱，而政府的收入却锐减。但小布什反驳道，政府库存的盈余本来就是底层劳动人民的心血，应该还给民众。

在辩论技巧上，小布什先声夺人，先是抛出自己的减税主张，并在戈尔反驳后表现沉稳。接着，小布什指责戈尔，说他的计算是"模糊数学"，并以戈尔在任副总统的举措为例，指出他明明可以进行医疗改革，却不仅没有实施，还进行"医疗恐吓"。

谈到外交政策时，两人都表示不会武力威胁南斯拉夫总统下台。但戈尔表现得更加强硬，流露出干预主义的立场，并主张增加军事费用。

精彩的辩论扣人心弦，尾声时，小布什紧紧抓住戈尔在任期间的很多不良政绩，加以攻击。而戈尔则巧妙闪避，并试图逆转辩论方向："辩论应该针对问题，而不是人身攻击。"

第一轮辩论结束后，各种数据迅速计算并出炉。结果是，戈尔略占上风，大约领先了小布什6个百分点。不过，这只是刚刚开始。2000年10月11日，第二场辩论拉开了序幕。

相对于第一场，第二场辩论的气氛显得轻松了很多。尤其在辩论接近尾声时，戈尔像是一位陈述者，细致而冷静地陈述着自己的观点。而小布什显得轻松诙谐，仿佛是在和朋友侃大山。CNN在直播镜头中将画面一分为二，两个人的神态形成了鲜明的对比。小布什目光如炬，大多时候都在盯着对方。而戈尔目光平视，话语滔滔不绝。在他谈到环境问题时，小布什甚至越过主持人直接回答对方，以至于被主持人警告"违反规则"。小布什赶紧连声道歉，但是很快又犯了同样的错误。这一次，不等主持人警告，他就主动承认"第二次犯错误"，观众席上以及电视机前的观众都忍不住哈哈大笑。

在辩论结束时，主持人莱赫尔分别向小布什和戈尔提问。在被问及竞选团队对于小布什缺乏领导才能而进行攻击时，戈尔回答说："我想，我们的意思是，任何人试图提出如此庞大的减税计划，以至于给我们的国家造成巨大的赤字，这样的减税计划把将近一半的好处让给那些最富有的人，这样做是很难的。我想任何提出这样计划的人将很难以普通人能够明白的方式来清楚地解释他的计划。"

随后，两人分别做了总结。戈尔重申教育第一的竞选理念，同时指责小布什的减税计划中向1%的富有阶层减税的总额超过该计划中保健、教育、医疗等方面支出的总和。

面对对手的攻击，小布什表现得非常淡定。在总结中，他并没有像戈尔攻击自己那样攻击戈尔，而是更侧重于重申自己的竞选理念。他在总结中谈到，如果自己获胜，他将建立一个"有限"的政府。另外，他再次谈到民众最关心的教育、医疗等问题，并针对戈尔的指责承诺给每一位纳税人减税。

在这场辩论中，小布什的表现更得人心。在随后的民意调查中，小布什的支持率赶超戈尔，而且大有上升之势。

由于在第一场辩论中失利，小布什的竞选团队回去后做了一番调整，大家叮嘱小布什要不急不躁，不能进行人身攻击。所以，在第二场辩论中，小布什表现得彬彬有礼，极有绅士风度。

在第一场辩论中，戈尔在小布什发言时叹了几次气，结果遭到了一些攻击，说他有不尊重对方之嫌。所以，在第二场辩论中，他非常注意这个问题，在小布什发言时，他敛气凝神，非常用心地倾听对方的发言，还不时地表示赞许。结果这又招致一片非议之声，人们认为他矫枉过正，失去了自我。还有人说他态度虚伪，是在刻意地讨好观众。

其实，这世上就是有那么一伙人，无论你怎样做，他们都会挑出毛病来，就像"父子骑驴"的故事一样。舆论给戈尔带来了巨大的压力，他越是在乎那些评价就越是备感束缚。

这一轮辩论使小布什的颓势迅速扭转，处于优势地位。民意调查显示，有51%的受访者认为小布什的表现比较好，而认为戈尔表现不错的仅有35%。

在前两局中，小布什和戈尔一胜一败，他们都将目光放在了具有决定性意义的第三轮辩论上。2000年10月17日，第三轮辩论拉开了序幕，这也意味着，选举到了最后的冲刺时刻。

由于这一局至关重要，双方都进行了精心的准备。所以，在这场辩论上小布什和戈尔势均力敌，几乎不分上下。两个人唇枪舌剑，彼此互不相让。人们都觉得，他们已经不仅仅是政见不同，更是达到了彼此讨厌的程度。这种情况是很少见的，即使是在40年前肯尼迪与尼克松的激烈竞争中，也没有达到如此地步。他们互相敌视，互相攻讦，拼尽全力来抬高自己，诋毁对方。

最后的结果是，双方打了个平手。辩论之后的民意调查结果几乎与第二场辩论结束后的民意调查结果相同，基本没有什么变化。

竞选如逆水行舟，不进则退。尽管处于优势地位，但是小布什没有原地踏步。为了能争取更多的选民，他使出了共和党前所未有的招数——花重金挖民主党的墙脚，争取黑人的选票。

从20世纪从60年代起，黑人就是民主党的稳定票源。如果能得到黑人的支持，那么小布什不仅仅能迅速提高民望，戈尔的支持率还会随之下降。小布什特意花高价在电视上大做广告，宣称自己将会成为黑人的朋友。

数十年来，共和党人从未提出过这样的口号，但是小布什敢于迈出这第一步。他还亲自前往新泽西州、密苏里州、俄亥俄州、田纳西州等黑人聚集的地方拉选票。他的亲民形象深入人心，很快就得到了一大批黑人选民的支持。

共和党内也为小布什竞选而积极努力着。在美国的50名州长中，有29名是共和党人。他们也加入到了为小布什拉选票的行列之中，这场拉票运动声势浩大，有他们的帮助，小布什的支持率再次飙升。

除了这支"州长联队"以外，小布什竞选团队里还派出了一支"娘子军"。这支队伍由小布什的母亲即前第一夫人芭芭拉率领，成员包括小布什的副手切尼的夫人以及小布什的首席外交政策顾问赖斯，就连曾与小布什在共和党内初选阶段争夺总统候选人的麦凯恩的夫人也加入到了这个行列。

在选民中，白人男性支持小布什的较多，而女性则更倾向于民主党的戈尔。小布什团队派出这支"娘子军"，就是为了扭转这种趋势。她们深入妇女之中，宣传小布什在得州的政绩，并告诉她们小布什是如何关心妇女和儿童的。经过她们的努力，很多女性转而支持小布什，这支娘子军可谓功不可没。

参加总统竞选，就要做好被人挖掘出所有秘密的准备，尤其是一些不堪回首的经历。年少轻狂时，小布什曾有过一段放荡的青春，经常在酒精里虚度光阴。就在大选的前五天，小布什和竞选团队在威斯康星州举行活动，卡伦·休斯忽然把小布什拉到一边，然后找了个安静的房间，低声说道："新罕布什尔的一名记者刚打电话询问你酒后驾车受罚的事情。"

那是小布什年轻时犯过的错，本以为早已压入时光的箱底，没想到现在被搬出来，还成了他的绊脚石。小布什心里猛然一沉，竞选已经达到白热化阶段，在这个关键时刻，这种负面新闻简直是一种摧毁性的打击。

其实，小布什遭遇这个问题的威胁已经不是第一次了。当他竞选州长时，便有人用这个问题指控他，因此他也曾认真考虑过将这个问题彻底解决。4年前，小布什被召履行陪审团义务，他曾有过公开酒后醉驾处罚记录的打算，因为那次的案件也是关于酒后醉驾的。然而，遗憾的是，小布什最终没能参加陪审，所以也没能将醉驾处罚记录公之于众。

有一些错误，如果你主动承认，或许人们会原谅你，但如果是被人们挖掘出来的，被原谅将是非常困难的。曾有记者冲到小布什面前，问他："你有没有因为酒后醉驾被逮捕过？"小布什回答说："我年轻时候的记录并不是没有瑕疵。当时，我做了很多傻事。但是我可以告诉你，我希望人们不要酒后驾车。"

小布什终究没有正面承认自己的错误。其实，那天如果承认了这个问题也不是什么难事，小布什曾犹豫着要不要公开自己那段不光彩的经历，可思来想去，还是放弃了，因为他想到了自己心爱的女儿。那时候，小芭芭拉和小珍妮正在学习驾车，如果父亲的这段不良记录公之于众，可能会对她们造成不利影响。

有一些问题，如果你总想着绕过去，问题只会像滚雪球般越来越大，直到成为你致命的威胁。尽管此时的小布什已经戒酒，但是毕竟不能抹去昔日的不良记录。

媒体曝光了小布什的酒后醉驾处罚记录。劳拉赶紧打电话给小芭芭拉和小珍妮，让她们在电视上播出这条新闻之前得到消息，以做好心理准备。铁证如山，小布什再也不能不承认自己的错误。他走到镜头前发表了声明："我把车停靠在路边，我向警察承认我喝了酒。我被罚了款。我很遗憾发生这种事情。但是它确实发生过，我也吸取了教训。"

后来，小布什说："没有公开自己的酒后醉驾处罚记录是我犯下的最高昂的政治错误。"多年前的一个错，经过时光的涤荡，它不仅没有消失，反而越来越严重。假如时光能够倒流，小布什一定会早早地承认事实，并把自己的错误行为解释给孩子们听。尽管悔不当初，但是事情已经发生了，小布什只能承受这份惨痛的代价。在之后的民意调查中，他原本领先戈尔的4个百分点消失了。

经过了一年多的激战，2000年11月7日，美国迎来了激动人心的总统大选。

那一天，整个世界都在关注着美国，期待着美国第43任总统的诞生。美国人将自己神圣的一票投给了自己支持的人，然后一起等待最后的结果。

傍晚6点左右，CNN最先公布了印第安纳州和肯塔基州的投票情况。结果显示，小布什赢得了这两州的投票。CNN在大选版图上用鲜艳的红色将这两大州标记出来，表示小布什在这两州的胜利。随后，小布什又赢得了几个州的胜利，大选版图上的红色也随之扩大。

一个多小时后，CNN公布：戈尔赢得了佛罗里达州的选票。这一大州上被标识了代表戈尔胜利的蓝色。

这简直是一个戏剧性的扭转。佛罗里达州由弟弟杰布担任州长，小布什最不该失去这里的选票。而且，这个州对于小布什和戈尔来说非常重要，甚至有人认为，谁赢得了佛罗里达，谁就赢得了2000年的总统大选。

等待结果实在是一种煎熬。这个消息让共和党上下一片忐忑，小布什的心也提到了嗓子眼。与此同时，住在纳什维尔市一家酒店的戈尔和利伯曼等人，则欢欣不已。此前的消息让他们倍感沮丧，但是在得知他们赢得了佛罗里达州的选票时，所有人的脸上都情不自禁地溢满了笑容。随后的消息更是让他们欢呼雀跃：戈尔赢得了密歇根州、宾州的选票。只要再赢得一个关键性的州的选票，他们便是最后的赢家。戈尔等人分外激动，一边等待着最后的结果，一边共进晚餐。

身在奥斯汀的小布什在得到这些消息时急得脸色铁青。后来，回忆起当时的情景，小布什仍心有余悸地说道："我感到有了麻烦。尽管罗夫对当时的统计数字及其误差存在疑问，但我知道，我们有了麻烦。"

那时，小布什正在得州大学体育馆锻炼身体。得到消息后，小布什匆匆返回州长官邸，一路上一言不发。回到官邸后，他也没有像平常那样挽留朋友们吃饭，只是简单地说了一句："谢谢你们能来陪我。"

回到房间里，闷闷不乐的小布什将这不乐观的情况告诉了劳拉，然后又对双胞胎女儿说道："孩子们，今天将是漫长的一天。你们的爸爸可能会输掉总统选举。选举统计数字看起来不太妙。"

晚上，布什一家来到了奥斯汀的一家名叫"地平线烧烤"的高级餐厅共进晚餐。小布什的心情格外沉重，他和老父亲说："我不想再在这里待下去了。我想回州长官邸去。"他又问父亲是否也想回去，老布什说："一起回去吧。"

就这样，一家人准备返回州长官邸。此时的杰布比小布什还要伤心，因为他任州长的佛罗里达州竟然输掉了。杰布痛苦地对小布什说："对不起，哥哥。"然后拥抱了小布什，独自离开了。后来，当杰布回忆起那时的情景时依然满怀愧疚："我向兄长道了歉。我真希望我能助他打胜此仗，但我知道，我没有。我再也不想经过这么一个夜晚了。"

回到州长官邸后，小布什的传播主任凯伦·休斯也来了。看到老布什后，休斯问道："总统先生，你好吗？"

老布什面色凝重地答道："不那么好，我们看起来要输了。"

不过，小布什的竞选助理们并没有气馁，依然紧紧地盯着选情变动。他们鼓舞小布什：说不定会有奇迹出现。

在助理们的鼓舞下，小布什心中的阴郁有所减轻，也重新关注起选情来。经过两个小时的漫长煎熬，奇迹果真出现了。9点54分，CNN宣布：由于佛罗里达州的记票并未结束，戈尔副总统与布什州长的得票数十分接近，佛罗里达州大选未见分晓，之前公布的戈尔赢得佛罗里达州25张选举人票的结果不算数，现在予以收回。

与此同时，在大选版图上，佛罗里达州又从蓝色变成了原来未见分晓的黄色。

这样戏剧性的反转让小布什和戈尔双方都受到了极大的震撼。这时，大选版图上显示：小布什共赢得185张选举人票，戈尔赢得167张选举人票。

假如这是一幕电影的话，小布什和戈尔这两个镜头一定要同时出现在银幕上，他们脸上的表情会在一刹那出现完美的切换。小布什惊喜万分，他的父母、妻子更是无比激动，一家人紧紧地拥抱在一起，久久不愿分开。

总统选举史上最疯狂的一次选举

那一夜得州下起了雨，不过，这并不能阻挡小布什支持者们的热情。他们在雨中伫立，守候在州长官邸外面，只为第一时间知道竞选结果。当消息传出来时，人群里爆发出了热烈的掌声与欢呼声，大家相拥庆贺，刚刚的阴霾一扫而空。

开心时，雨声便是笑声；伤心时，雨声便是哭声。戈尔阵营的气氛与小布什阵营截然相反，大家满面阴郁，刚刚还满怀期待，以为胜利在望，没想到竟功亏一篑。大家摇头叹息，为戈尔难过，也为自己难过。

这注定是个不眠之夜，所有人都在关注着选情，等待着最后的结果。时钟嘀嘀嗒嗒地跨过了0点，人们又迎来了新的一天。直到凌晨2时15分，福克斯电视台才公布了佛罗里达州的选票结果：小布什赢得佛州25张选举人票。这意味着，他才是佛州最后的胜利者。

在小布什阵营沉浸在狂喜之中时，杰布也终于长出了一口气。如果哥哥失败了，那么他这个佛州州长一生都会满怀愧疚。随后，CNN、NBC、ABC、CBS等电视台也宣布了小布什赢得佛州选票的喜讯。2000年美国总统大选终于以小布什胜出而圆满落下了帷幕。

随后，路透社在网络上宣布：54岁的布什将在2001年1月20日接替克林顿总统的职位。

那一夜，所有人的情绪都是波动不已，仅仅在一天的时间，便将大悲与大喜经历个遍。结果公布时，小布什激动地紧紧抱住了劳拉，老布什夫妻俩则高兴得开怀大笑。

小布什的开心有多少，戈尔的悲伤就有多少。凌晨2点30分，戈尔方面的戴利给小布什的竞选主席丹·伊万斯打了电话，告诉他们戈尔很快就会发表认输声明。当伊万斯问他大约需要多久时，戴利在电话那头沉重地说道："丹，这也许要半小时。他的孩子们正在穿衣服。他们都在痛哭。"

愿赌服输。戈尔是一个很有风度的人，虽然心内悲痛，但在礼节上决不会有差错。在发表公开的认输声明之前，他先给小布什打了电话，承认自己失败，并祝贺小布什当选。

在战争纪念广场——那个原本准备发表庆祝竞选胜利演讲的地方早已人山人海，戈尔的支持者们默默地守候在冷雨中，所有期待都化作了泡影。而此时的戈尔正准备乘车前往战争纪念广场，向人们宣布自己的失败，他的内心无比沮丧。

然而，那时他还没有意识到，关于佛州的竞争只是刚刚开始。即便到了此时，他们所得到的还不是最终的结果。

就在戈尔准备离开旅馆的时候，又有最新的消息传来：小布什原本领先戈尔的5万张选票，现在已经缩小到了几千张，而且还有继续缩小的趋势。

已经处在绝望边缘的戈尔阵营竟迎来了意想不到的转机。此时戴利才意识到，总统大选还在继续，他们未必会输掉这场竞争。而此时戈尔已经上了车，戴利赶紧给戈尔打了电话，大声告诉他："选举还未结束。请不要出车上集会的演讲台讲话！"

戈尔本来已经接受了失败的事实，没想到绝境逢生。但是车队已经出发，他们不能再折返。抵达战争纪念广场后，戈尔没有按照计划发表演讲，而是和助理们走进了战争纪念大厦的地下室。

戈尔对此前对小布什发出的认输道贺声明懊悔不已。为了挽回局面，他只得再次给小布什打电话，将此前的声明撤回。

虽然这有损颜面，但是大局当前，已经顾不得这些小节了。凌晨3点30分，戈尔再次给小布什打了电话。他先说明了当前竞选形势的变化，在做好这些伏笔后，他直截了当地说道："在形势明朗之前，我要向你撤回我承认输掉大选的声明。"

那时小布什正沉浸在胜利的狂喜之中，他已经在为庆贺胜利演讲做准备了。万万没想到，仅仅在戈尔认输的一个小时之后，形势居然又出现了变化。对于戈尔撤回认输声明的请求，小布什感到难以置信。他震惊地问道："副总统先生，让我弄清楚，你意思是，你要撤回你的认输声明？"

电话那头传来戈尔镇定的声音："让我向你解释，如果我确实在佛州输了，我会及时认输，但现在胜负未分，我还不能认输。"

"可是，我弟弟杰布，明明已证实我赢得了佛州。"小布什的语气有些着急。

"我相信你弟弟没有最终权力去决定此事。"戈尔回敬道。

惊讶，沮丧，难过，痛苦，愤怒，种种情绪一股脑地从小布什心底溢出来，他强压着心中的恼恨，说："好吧！副总统先生，随便你，想怎么干就怎么干吧！"不过，戈尔根本没有听完他这句话，还没等他说完，电话就被挂断了。小布什拿着电话，听着话筒里的盲音，呆愣了好半天。

这在美国总统竞选中是史无前例的事。既然戈尔撤回了认输声明，小布什也只好暂时放弃演讲。

随后，又一个戏剧性的反转出现了，佛罗里达州州务卿表示：在佛州已公布的选票中，两位总统候选人仅相差约1200票，还有5000多张选票没有统计出来，根据法律规定，他们将重新进行点票。

这个消息让戈尔阵营激动不已，大家高声呼喊："重新记票！重新记票！"

凌晨4点4分，美国CNN等全国性的电视台都同时宣布：由于佛州大选结果不明，之前宣布的得州州长小布什赢得佛州选举的消息予以撤回，关于布什州长当选为美国总统的消息也都取消。由于报道中不断出错，CNN主持人也向全美乃至全球的观众表示了歉意。

到此时，CNN的大选版图上显示，小布什和戈尔赢得的选举人票分别是246张、249张。这意味着，谁赢得了佛州的25张选举人票，谁就将成为最终的胜利者。

这一夜，紧张的小布什彻夜未眠，直到早上4点多，才实在困得受不了而躺下来稍作休息。步入中年的小布什已经不再是年少时那个玩通宵都不在乎的浪荡子了，平时，他会11点准时上床睡觉，只有这一天是个特例。

早上6点25分,在已经统计的票数中,戈尔以260∶246的领先小布什。而佛州的选举情况依然不明朗,所有人都等得心急如焚。

《新闻周刊》对这次大选进行了这样的评价:这是美国历史上最疯狂的一次选举。美国的所有媒体都聚焦在这次选举上,选情的巨大波动,牵引着人们的情绪起起伏伏,时而激动,时而紧张,时而沮丧。媒体的报道也错误百出,一会儿说小布什胜出,一会儿又说戈尔将成为下一届总统。

在最后的结果公布之前,谁也不知道谁会笑到最后。

截至8日上午,小布什与戈尔的选举人票比例为246∶260,两个人都没有赢得过半人数的选举人票(270张),只能等待佛州的选票结果出来,才能确定谁才是最后的赢家。

每次总统大选,很多迁居海外的美国人依然会以邮寄的方式来为自己的原住州投票,由于这些邮寄选票到达时间不同,所以票数统计也常有变化。此时的佛州,已经成为全美甚至全世界的焦点,因为这个州的选票,将会决定鹿死谁手。

不过,小布什的首席竞选战略顾问罗夫对赢得佛州信心满满。在他的影响下,小布什的顾问们也都信心十足。8日一早,还没睡上几个小时的小布什就起了床。老布什也起得很早,他打算一早就赶回休斯顿。

临行前,小布什陪父母喝了点咖啡。离别时,小布什动情地对他们说:"我爱你们,请保持联系。"小布什深知,这场竞选,不仅关乎自己的未来,还关乎布什家族的未来。父亲已经光荣地退居二线,他必须勇敢地接过父亲手中的权杖。他要努力实现自己在政治上的巅峰理想，同时也延续布什家族的荣光。

眼下，他们最紧要的任务就是争夺佛州。上午10点左右，小布什召开了一个核心阶层会议，讨论争夺佛州的方案。经过一番讨论，最后大家一致决定：马上调集竞选班子的各路人马，迅速赶往佛州，并邀请前国务卿贝克出面主持即将到来的与戈尔阵营在佛州的法律战与公共关系战。

贝克欣然接受了小布什的邀请。当晚，贝克就飞抵佛州首府塔拉哈希。在他到达佛州之前，佛州州长杰布已经将佛州最有名的律师们网罗在一起组成了小布什的竞选阵营。这样一来，他们不仅抢得了先机，而且戈尔阵营将无法请到佛州的优秀律师。

杰布为哥哥立了首功，佛州之战，小布什已经赢在了起跑线上。

其实，小布什在佛州占据着得天独厚的优势。佛州的选举法规定，佛州的《重新计票法》与选举核票委员会有权决定谁是佛州的胜利者。而佛州选举核票委员会掌控着佛州的重新计票大权，组成委员会的三名成员分别是佛州州长杰布、佛州州务卿哈里斯、佛州选举部门的指导主任罗伯茨。这三个人都与小布什有着密切的关系，杰布自不必说，哈里斯和罗伯茨也都是小布什的忠诚支持者。有他们主持竞选核票委员会，小布什可以说是稳操胜券。

不过，戈尔也在紧锣密鼓地准备着。就在他撤回自己的认输声明后，他的竞选助理们立即返回竞选总部召开了大选后的首次会议。经过一番商榷，他们决定马上派人到佛州去监督重新计票的过程。

8日凌晨4点20分，戈尔的政治战略顾问泰德对大家高呼："选举尚未结束！"紧接着，戈尔的战略指导员富勒爬上桌子大声喊道："你们大家准备行装，马上出发，去两至三天的时间。不过，我不能向你们做出任何承诺，你们也许会去战斗两个星期。"

经过简单的准备，戈尔阵营里80多名竞选工作人员赶赴佛州。另外，戈尔还邀请了已经75岁高龄的民主党的著名律师、前国务卿克里斯托弗来协助竞选。克里斯托弗毫不迟疑地答应了戈尔的请求，一大早就登上了飞往戈尔竞选总部所在地——田纳西州纳什维尔市的航班。

这一天，位于得州的小布什和位于田纳西州的戈尔都分别举行了记者会。面对记者的采访，小布什满怀信心地说：如果佛州重新计票后的结果与其所希望的一致，共和党人将赢得本次大选。

与此同时，戈尔在记者会上表示，他当前所面临的是整个程序的基本公正性问题。

戈尔早就意识到了自己在佛州选举中的劣势，所以他更关心佛州计票的公正性问题。虽然他获得了较多的选民票，但是宪法规定，决定总统选举胜负的是选举人票，而非选民票。

戈尔对记者说道："有待解决的是，整个运作过程在根本上的公正性，因为事情正在紧要关头上。这件事一定要迅速而周密地解决，不能有任何差池。"

为了能赢得佛州之战，小布什和戈尔分别请到了前国务卿贝克和前国务卿克里斯托弗。这两位都是重量级人物，两个人都精通法律，又有着相同的工作经验，可谓旗鼓相当。不过，此时他们的工作内容并不相同，克里斯托弗的工作主旨是帮助戈尔查明佛州的选举真相，找出更多的选票，尽最大的努力赢得佛州的25张选举人票。

而贝克的工作主旨是守住小布什阵营的防线。在他看来，只要保持当前的有利局面，小布什必然会成为下一届美国总统。

贝克抵达佛州首府塔拉哈希后立即与佛州州长杰布进行了会晤。经过一番商谈，贝克表明了自己的观点：要想保持在佛州的领先地位，最好的办法就是进行抵抗。

随后，贝克在记者会上指责民主党方面有意在大选结束后挑起事端，这是对总统选举的传统程序的破坏。这样一来，佛州选举争执的责任就被踢到了戈尔阵营。戈尔阵营得知消息后非常震怒，他们也不甘示弱，在随后的记者招待会上，克里斯托弗指责布小什阵营的行为是企图自己给自己戴上胜利的王冠。

在面对记者的采访时，戴利表示：副总统不会接受佛州的选举结果，也不会承认这次选举已输给小布什。很快，戈尔阵营便遭到了小布什阵营的指责，他们认为，戈尔方面的态度是在破坏美国的民主制度。

小布什阵营与戈尔阵营相互攻讦，双方的支持者们也展开了拉锯战。在西棕榈滩，戈尔的支持者们高举着"我们打倒了布什""选举没有结束，选戈尔"等标语示威。由于当地的计票程序混乱，导致很多本来要投给戈尔的票被投给了小布什，愤怒的选民一致要求重新选举。

小布什的支持者们也不甘示弱，他们在同街的对面嘲笑、指责对面的戈尔支持者们，质问他们为什么不理解选举的说明。他们高举着"我没有被弄糊涂"的大标语，表示对戈尔支持者们的抗议。

11月9日下午，在贝克的要求下，他和俄鲍夫首次会见了克里斯托弗和戴利。贝克希望向戈尔阵营传达一个信号：他们是愿意交谈的。不过，这次会谈没有取得什么实质性的结果。次日一早，双方利用早餐时间再次进行了会谈。戴利提出："让我们结束佛州的选举争执。我们给你们俄勒冈州与依阿华州，你们给我们佛罗里达州。让我们做成这个交易。"不过，贝克只是耸了耸肩，没有给他任何答复。

11月8日，佛州重新计票第一天，小布什依然处于领先地位，不过戈尔的票数持续上升，票数已接近小布什。身为佛州州长的杰布当天表示，为了体现公正，他将不会参与重新点票的过程，并推出佛州的确认重新计票结果的委员会。他告诉大家，重新计票的结果将于东部时间11月9日下午5时公布。不过，要把那些从海外邮寄回来的缺席票算在内，最终结果要等到11月17日才能统计出来。

不过，民主党对此并不满意。他们表示不会接受佛州的选举结果，并决定就大选中存在的问题采取法律行动。

次日，在选票结果尚未揭晓的情况下，小布什阵营的新闻传播主任休斯便宣布：布什州长赢得了佛州，当选为新一任总统。

在中午12点的新闻发布会上，贝克再次宣布了这个"结果"。戈尔阵营自然不会接受，戴利得到消息后立即召开了新闻发布会，反驳共和党说："恰恰相反，选举并没有结束。我们希望人民真正和准确的意愿占上风，这意味着按法律办事。在整个程序完成之后，如果乔治·布什获胜，我们会尊重这样的结果。"

除了遭受到民主党的攻击以外，小布什阵营还受到了一些主流媒体的批评。《纽约时报》发表了以"走向法庭的致命一步"为题的社论，对于戈尔阵营从法律上来挑战选举结果表示肯定。另外，社论也客观地谈到：总统候选人和所有公民一样有自己的合法权利，但是他们还有更大的责任——确保自己的行动符合广泛的国家利益。戈尔和布什都要扪心自问，在法庭上争斗得你死我活的战略是否符合这样的标准。

《华盛顿邮报》也对小布什阵营和戈尔阵营的斗争进行了客观的评价：小布什不应当在此时匆忙地成立新政府筹备小组，营造出上台执政的气势；戈尔也应小心自制，不要在诉诸法律和重新投票上制造更多的问题。

总体来说，媒体评论的宗旨是要求小布什和戈尔都以国家利益为重，不要为了各自的利益而争得你死我活。不过，媒体的压力并没有让小布什阵营收回之前的宣告，他们依然以胜利者自居，并准备展开新政府的人事布局工作。

与此同时，小布什阵营还向戈尔阵营施压：诉诸法律或重新投票，只会制造宪政危机，他们呼吁戈尔尽早认输，这样对双方、对国家都有利。

为了表示自己一定能当选，小布什在举行新闻简报时指出：我认为我们有责任筹划新政府的奠基工作，以便在就任首日即可顺利运作。

向来精力旺盛的小布什，也终抵不过连日来的奔忙与紧张，竟生了场病。当人们从电视上看到小布什时，发现他右边面颊又红又肿，显得非常突兀。为了遮住浮肿的面部，他只好用一大块胶布粘住。

小布什的形象立即引起了媒体的关注，他的新闻发言人休斯也不得不进行简单的解释：州长的毛病不大，很快就会痊愈。

经过紧张的重新计票，佛州本土选票的点算工作基本结束，小布什仅领先戈尔几百张选票。不过，这还不是最后的结果，要等到下个星期五对海外邮寄票进行清点之后，才能确定总统的最终人选。

一波未平一波又起，新墨西哥州由于两人得票数太接近，也需要重新点票。

一时间，美国总统大选的公正性遭到一片质疑声，除了本国以外，还有很多质疑声来自世界各地。世界舆论指出，应该派遣观察员监票，以免这个所谓"民主楷模"的总统选举出现不公正的现象。

南非《星报》直言：应该早一些派出国际监察员，"美国必须向其他民主政体看齐"。

很多媒体斥责这场选举简直如同闹剧，不过也有人赞扬这充分显示了民主精神。一向被视为世界顶级发达国家的美国，竟出现了这种混乱的局面，一时间令世界各国都难以理解。

法国国营电视第二台发表专题评论指出：连美国选民都怀疑总统选举制度的可靠性，特别是总得票数较少的候选人可能击败得票多的对手而当选。

美国成了全球瞩目的焦点，各国主流媒体也都对这次大选情况进行了报道。小布什以微弱的多数票领先戈尔，小布什阵营更是以胜利者自居，大张旗鼓地筹备着新政府的组建工作。不过，总统宝座究竟花落谁家依然无法确定，小布什阵营与戈尔阵营的斗争也愈发激烈，简单的重新计票已经不能解决这场矛盾了，他们纷纷将目光投向了司法方面。

不过，戈尔和小布什双方都不愿意承担将选举争端诉诸法院的责任。11月11日，小布什终于沉不住气，率先将选举计票争端诉诸联邦法院，要求法院禁止佛州一些县进行人工重新计票。他们指出，如果允许人工计票坚持下去，势必造成不可弥补的损害。随后，法院宣布将于13日上午就此案举行听证会。

小布什阵营的举动立即招致了戈尔阵营的反对。他们当天便举行了记者招待会，要求共和党总统竞选阵营撤回诉讼。

在民主党的坚持下，佛州棕榈滩县于11日下午开始对4个选区进行了人工点票，以确认票数与机器计票是否相同。除了棕榈滩县，戈尔阵营还要求佛州其他3个民主党选民较多的县进行人工计票。

在佛州已经统计过选票的67个县中，小布什仅比戈尔多得了327张选票，而人工计票可能会使戈尔的选票逐渐增加。所以，共和党坚决反对民主党人工计票的要求。他们指出，人工计票可能比机器计票还不准确。

这时候，新墨西哥州的重新计票工作已经结束，共和党总统候选人小布什以17票领先民主党总统候选人戈尔，不过州府还需要等到下周统计邮寄选票之后才能宣布谁才是最终的胜利者。

小布什和戈尔的得票数相差不大，所以对他们有决定意义的极有可能是那些海外邮寄选票。根据规定，住在国外的佛州选民必须在11月7日起在10天之内将盖有7日邮戳的选票邮寄到佛州选委会，所以要想完成邮寄选票的统计，至少要在17天以后。

共和党对此似乎非常有信心，他们对外宣称：侨居海外的佛州选民大多数都是支持共和党的，所以统计海外邮寄选票对小布什非常有利。不过，侨居海外的选民除了驻外军人及其家属以外，还有很多犹太裔选民，他们的选票将会从以色列等地区邮寄到美国。犹太裔选民大多都支持民主党，所以戈尔阵营并不认同小布什阵营的说法。

除了佛罗里达州以外，加利福尼亚州、华盛顿州、纽约州等州也还有很多海外邮寄选票尚待统计，从全美国来看，大约有500万张选票还没有统计进去。

这场总统拉锯战引来了各方面的不满。美国各大媒体纷纷表示对这场总统选举引起的法律与政治抗争深表疑虑，并向政府发出警告：如果不迅速解决这场纠纷，他们接下来要面对的，将是严重的宪法危机。

仁者见仁，智者见智。各大媒体都提出了不同的观点，对小布什阵营和戈尔阵营的赞同者有，反对者更是不计其数。有人认为，戈尔阵营决定到佛州法庭打官司，这使得总统选举的战斗气息日益升温。也有人对小布什阵营不等计票统计工作结束就大张旗鼓地准备新政府的组建工作进行了猛烈的抨击。《华盛顿邮报》发文说：佛州还没有正式确认选举结果，小布什和戈尔都没有权利自称是总统当选人，双方应该各退一步。

当然，除了对小布什和戈尔的指责以外，还有人挖出了这场纠纷的"始作俑者"——佛州的选票统计方法的设计人特里萨·勒波尔。她是佛州选举主管，于是，一片质疑之声理所当然地向她涌来。一些民主党人士称：这些选票可能会葬送了戈尔在此次大选中的前程，勒波尔可能会成为美国最饱受谴责的民主党人。

一些选民对勒波尔进行了起诉，甚至有人准备发起请愿活动，将勒波尔从选举办公室赶出去。选票统计工作最为混乱的棕榈滩地区对她的谴责声更是此起彼伏。

面对来势汹汹的声讨大军，勒波尔赶紧请来著名律师罗伯特·蒙特戈莫里代表她来处理这起诉讼。蒙特戈莫里直言不讳地说："这是一件十分严重的事情，谁能想到这项工作会在国内和国际上引起这么大的麻烦。"

勒波尔是一名民主党人，她的父亲是西棕榈滩市政府专员。从1971年起，年仅16岁的她就在县选举办公室当职员。1995年，勒波尔升任为监察官。多年来，她对自己的工作兢兢业业，对民主党更是忠贞不渝。她的亲人和朋友们无论如何也想不通，这样一个勤勤恳恳的人，何以会陷入这场政治旋涡之中。

虽然对选票进行了重新统计，但是由于两位候选人得票数非常接近，这场总统拉锯战还是没有结果。11月11日下午2点，棕榈滩县对其中4个选区大约4300张选票进行了人工抽样计票。大家忙碌到深夜，这项工作才宣布完结。然而，看到最终结果，人们无不瞠目结舌：民主党总统候选人戈尔超出共和党总统候选人小布什19票，而同时进行机器计票的结果却是戈尔超出小布什33票。人工计票与机器计票的结果差距太大，这说明点票过程一定有问题。最后，佛州选举审查委员会决定：尽快以人工计票方式第三次对佛州全部选票进行清点。

这个决定并没有使混乱的局面得到缓解，反而更加糟糕。没有人知道重新计票还需要多长时间，也没有人知道，重新计票之后能否结束这种混乱的局面。

不过，棕榈滩县的选举官员表示，虽然人工计票相当麻烦，但这种方式要比机器计票可靠得多。

司法部长雷诺表示：司法部将设法查明佛州在投票时是否发生了侵犯民权的事件。虽然选举事务大体上属于州法律权限，但佛州却受到了选举权法令的某些条款管辖。雷诺还说：司法部已接到公众通过电话提出的投诉，他们指责选举失范，全国有色人种协会也写信给司法部指控选举发生舞弊。

这些问题不仅存在于佛州，其他州也接到了各种投诉，比如投票机发生故障、等候投票的选民排起超级长龙等。就连纽约市长朱利亚尼也等候了足足半个小时，才投下了一票。在密歇根州底特律，选民甚至等了三个多小时，才轮到自己去投票。还有纽约州、伊利诺伊州、马里兰州等，有上千选民投诉他们已经通过有关部门登记为选民，但是在选民册上却查不到自己的名字。

民主党和共和党就点票问题进行了激烈的争论。即将卸任的总统克林顿一直保持中立，没有公开表示支持任何一名候选人。不过，《纽约时报》报道，克林顿曾于11日早上致电戈尔，让他坚持下去。

由于佛州计票结果的纷争已经引起了法律诉讼，共和党和民主党都决定展开募款活动，用来支付重新计票所需要的巨款。小布什阵营呼吁支持小布什的选民寄出5000美元以下的任何金额的支票，小布什竞选总部主席艾万斯表示：所有捐款都将在布什—切尼的网址公布，未用的任何款项都将按比例退还。

与此同时，戈尔阵营也展开了募捐活动，他们的目标是300万美元。

这是美国总统选举史上最"难产"的一次，民主党与共和党数日来争执不下。人工计票需要很长时间，而且相当麻烦。

这场竞争已经达到白热化阶段，时间显得异常宝贵，共和党与民主党都在争分夺秒地为己方造势，希望能迫使对方认输。小布什阵营的发言人休伊斯称，人工计票不会产生一个公平的结果，因为会掺杂很多人为因素。她指责戈尔坚持手工计票，无非是想通过在他选定的几个民主党区域内进行手工计票来推翻大选结果，戈尔阵营想让计票工作一直持续下去，直到得到他们想要的结果。

戈尔阵营很快就做出了反驳。戈尔表示，他只是在维护美国的民主制度，并非为了一己之私。他还义正词严地说："我不希望靠少数几票的计票错误或者没有计算进来而赢得总统的职位，布什州长肯定也是如此。"

戈尔阵营相信，在人工计票后，戈尔的得票数会有所上升，甚至超过小布什。所以，他们再三提出人工计票，而这是共和党所无法容忍的。因此，共和党再次向法院提起诉讼：根据法律规定，在大选结束后一周，即14日必须停止全州范围内的重新计票工作。而且，人工计票更不准确、不公正，因为这会受到政治因素与人为因素的干扰。

这便到了双方的律师团大显身手的时候了。戈尔阵营的律师团进行了最大的努力，他们一再表示，只有人工计票才能辨别出选民的投票意向。最后，佛州迈阿密联邦法院法官唐纳德·米德尔布鲁克斯拒绝了小布什阵营的诉求。得到结果后，小布什阵营立即表示要进一步上诉。

11月13日，出身于共和党的佛州州务卿哈里斯直接宣布：佛州各县必须在当地时间14日下午5点之前完成所有的重新计票工作，并向州政府计票委员会报告总统选举的最终结果，否则计票结果将被宣告无效。

这立即引起了民主党人的不满，本已经决定进行人工计票的沃尔夏县和棕榈滩县的民主党人立即向法院提起了诉讼，要求延缓人工计票的截止时间。这是戈尔阵营第一次就佛州计票问题采取法律行动。接受这起诉讼案件后，佛州大法官表示将在东部时间11月14日上午10点30分左右判定是否维持州务卿哈里斯对于重新计票截止日期的宣告。

为了能完成这次人工计票，戈尔呼吁全国人民耐心等待计票结果，"尽管时间十分重要，但是更重要的是必须让每一张选票都得到准确的统计"。

不过，这一次小布什阵营的律师团占了上风。11月14日，法院做出了这样的判决：州政府对于总统大选人工计票工作定下来的截止时间有效。不过，法官又同时判定：最后期限过后，各县还可以上报最新的选票统计结果，哈里斯不能武断地处理统计结果。

戈尔的律师团已经尽了最大的努力，尽管这个判决对他们不利，但至少能保证人工计票继续进行。所以，戈尔阵营决定接受判决，暂不上诉。

当天下午5点，佛州计票工作终于宣布完结。随后，哈里斯根据佛州各县在截止期限之前报上来的点票数据做出了如下统计：小布什在佛州共获得2910492张选票，戈尔共获得2910192张选票，小布什所得选票仅高出戈尔300张。

在这场没有硝烟的战争中，时间显得异常宝贵。小布什的得票虽然高于戈尔，但是仅为300张选票的微弱优势，戈尔在经过人工计票后极有可能超过小布什。次日上午，哈里斯向佛州最高法院申请禁止令，要求暂停迈阿密、布罗华德和棕榈滩县的人工计票工作。这对戈尔阵营来说无疑是雪上加霜，本已经准备好人工计票的棕榈滩县只好暂停点票工作，以至于在这紧要关头又耽误了不少时间。

哈里斯出身于共和党是众所周知的，她一再做出有利于共和党及小布什的决定，引起了民主党人的愤怒。他们指责哈里斯是小布什阵营的"政治打手"，并谴责她没有尽忠职守。

戈尔阵营当然不会坐以待毙，他们的律师团马上向佛州最高法院请求采取司法管辖权，要求对人工计票工作予以肯定。

经过一番努力，这天下午，佛州最高法院终于做出了有利于戈尔阵营的判决：驳回哈里斯有关停止在佛州人工计票的请求，并判定由里昂巡回法院处理所有诉讼。

哈里斯随即回击：佛州否决棕榈滩县等三个民主党势力较强的县要进行人工点票的请求。戈尔阵营就此再次提起诉讼，只要还有那么一丝希望，他们坚决不会放弃。

对此，佛州最高法院给出的判决是：不允许佛州州务卿哈里斯18日宣布佛州的大选最后计票结果。至于棕榈滩县等三个县的人工计票结果是否要计入佛州大选结果之中，还需要等到20日下午2点举行听证会后再做决定。

屋漏偏逢连夜雨。11月17日，亚特兰大第11巡回法院做出判决：拒绝共和党提出的阻止佛州棕榈滩等三个县进行人工计票的要求，并称这三个县有权继续他们的人工计票工作。

这两项判决对小布什阵营极其不利，而戈尔阵营则激动不已。戈尔立即发表讲话，表示对这两项判决的支持与欢迎，并重申佛州的每张选票都应该得到公正统计。

在过去的这些天里，小布什一直在等待着自己当选的消息，他坚信胜利的桂冠必将属于自己。然而，这两项判决给了他沉重的打击。当这个消息传到小布什竞选总部时，偌大的会议室里鸦雀无声，空气里弥漫着强烈的失落的气息。

巅峰对决

11月21日夜里22时，美国佛州高级法院判决佛州必须接受人工重新计票的结果，人工计票工作将持续进行六天。

这个判决让戈尔阵营再次欢欣不已，而小布什阵营则陷入了空前的紧张与危机之中。

次日中午，小布什召开记者招待会。在谈到佛州最高法院的判决时，他义愤填膺地表示：佛州最高法院太高估自己，因而做出了错误的判决。他认为，佛州最高法院在判决的过程中使用了权威，这大大地损害了总统选举的公平性，并愤怒地说道："佛罗里达最高法院在选举结束后改写了法律。"对于竞争对手，小布什表示戈尔只是在"借着继续点票来改变合法选举结果"。

随后，小布什阵营的律师团向联邦最高法院提出了上诉，请求联邦最高法院终止人工重新计票。

这是自竞选以来，民主党与共和党首次对峙于联邦最高法院。这次上诉的成败关乎着小布什未来的命运。所以，共和党对此极为重视，小布什在上诉状中指出：佛州最高法院的决定已经违背了宪法，只同意人工计票在几个县进行，违反了美国宪法第十四修正案——保障所有公民的投票都会获得平等计算的原则。他们要求联邦最高法院在12月18日各州选举人投票之前，对此案做出裁决。

小布什在上诉状中要求联邦最高法院对于此次人工计票是否违反合法程序、平等保护条款及宪法第一修正案做出公正判决。他的律师说，佛州最高法院的裁决如同在选举过程中变更选举法规，这违反了联邦法律有关选举规则必须在选举前确立的规定。他们认为，佛州最高法院变更选举法的行为触犯了美国宪法第一节第二条。

11月23日，美国人民迎来了一年一度的感恩节，家家户户团聚在一起享受着感恩节的美味大餐。不过，为选举工作而忙碌的人们，哪里还有时间陪家人过感恩节呢？这场史上最疯狂的选举，将他们投入到了一种空前的疯狂状态之中。他们只盼着这场选举早日落下帷幕，早点结束这种混乱的局面。

美国联邦法院向来认为，选举属于州权范围，因而不愿插手选举事务。此前，迈阿密联邦地方法院及第11联邦巡回法院拒绝干涉佛州的人工计票工作，所以联邦最高法院能否受理此案备受世人关注。

不过，好消息很快就传来了：联邦最高法院宣布决定受理小布什就人工计票结果是否有效而提出的上诉。另外，联邦最高法院还要求共和党与民主党的两位总统候选人于11月28日下午之前分别提出诉讼要点，并在30日之前做出必要的应答。另外，他们还宣布：联邦最高法院将于美国东部时间12月1日上午10点举行一个半小时的听证会。

消息一出，很多人都为此震惊不已，尤其是美国的一些宪法学者、政治观察家等。他们本以为联邦最高法院不会插手此事。不过，如果有联邦最高法院的介入，这场选举能够更加公平、公正地进行，最后的获胜者也能更具合法性。

美国联邦最高法院共有9名大法官，其中7名是共和党任命的，2名是民主党任命的。所以，也有人就此提出质疑：联邦最高法院是否能维持以往的公正形象？毕竟此案不仅仅关系着小布什和戈尔两个人的个人命运，还关系着共和党和民主党两个党派的命运，更关系着整个美国的命运。

不过，绝大多数人还是相信联邦最高法院能够公正地判决此案。在大选时，小布什曾特意称赞最保守的斯卡利亚法官和托马斯法官，并说如果自己担任了总统，他将任命像他们那样严格地解释宪法的人来担任大法官。那次称赞，事实上也为他打赢这次的官司埋下了伏笔。

不过，戈尔也不甘示弱。他认为小布什赞美联邦最高法院中最右翼的两名大法官，意味着如果小布什当选为总统，将会任命像他们一样否定堕胎的人来担任大法官。

小布什的举动收买了两位大法官的心，而戈尔的举动则收买了广大民众的心。

对于小布什阵营来说，联邦最高法院能够受理此案，便是他们胜利的第一步。在小布什阵营为此欢呼雀跃之时，戈尔阵营却愁眉不展。不过，戈尔的律师博伊斯认为：联邦最高法院最终会做出有利于戈尔的判决，不会推翻佛州最高法院允许人工计票的决定。

11月26日19时34分，佛州州务卿哈里斯公布了经过人工计票后的结果：小布什获得了2912790张选票，戈尔获得了2912253张选票。小布什比戈尔多得了537张选票，这意味着他赢得了佛州的选举。

不过，事情当然不会这么顺利地结束，戈尔阵营并不相信这是真正的选票结果。利伯曼认为，这个结果是不完全、不准确的。他指责州务卿哈里斯漠视佛州棕榈滩等几个县最后的人工计票结果，而且浪费了数百张有效选票与几千个小时的辛勤工作。

当晚，小布什在电视讲话中说道："这是一次竞争激烈的选举，是美国民主的一次健康竞赛。听说副总统的律师准备对这一结果提出挑战，我尊重地请求他重新考虑。"

另外，小布什还表示，在这个结果得到正式确认后，他将与竞选搭档切尼准备组建过渡政府。小布什说：他已经授权切尼负责组建过渡政府，并与克林顿政府合作，在华府设立过渡政府办公室，还任命了前交通部长卡德尔担任该办公室主任。

戈尔阵营立即表示抗议。戈尔的律师表示，他们对佛州至少三个县的选举结果持有异议。

佛州法律规定，在大选核票结果公布后10天之内，失败一方如果对计票结果持有异议，可以对计票结果提出抗诉，而胜利的一方也可以对他们进行反抗诉。

11月27日晚，戈尔发表了5分钟的电视讲话。虽然时间不长，但是深刻而明了地阐述了戈尔的政治思想与观点。他谈到：每一张选票都是神圣的，因此，一定要保证佛州选票的准确性与公正性，"忽视选票意味着忽视民主。如果我们忽略这次选举中佛州数以千计的选票，我们美国人怎么能确信在未来的选举中自己的选票不被忽略"。"有人想尽快结束这场选举。我不这样想。我认为我们的宪法要比早日结束选举更重要"。

为了避嫌，克林顿总统自大选以来一直没有公开表态，立场始终保持中立。不过，在这个紧要关头，他再也坐不住了，站出来表示了对戈尔阵营的支持。他不认同佛州州务卿此前宣布的小布什在佛州胜利的结果，并表示每一张选票都应该被计算。他说："由本届政府采取的这个行动和其他的努力，旨在充分地确保我们能尽最大努力为井然有序地过渡到新政府而做好准备。"

这是克林顿首次公开表示对戈尔的支持。当天，小布什关于组建过渡政府的要求也遭到了负责调济联邦政府官员办公场所的美国联邦政府总务部的拒绝。他们认为，只要有一方要继续上诉，就表明大选还没有结束，最后的胜利者也未必是小布什，在这段时间里，他们不会授权任何一方组建过渡政府。

时间的指针嘀嘀嗒嗒地走个不停，紧张的气氛将11月的雪花融化，为12月的喧嚣战场铺上冰冷的霜。2000年12月1日这一天，美国联邦最高法院就佛州总统大选争议举行了90分钟的审讯听证。不过，审讯听证的结果还是不甚明了，9位大法官就是否推翻佛州最高法院裁决的问题，以4：4的比例陷入了僵局。他们预计要等待三四天，审讯听证的最终结果才能公布于世。

等待是最让人心焦的。虽然小布什始终以一种极其自信的姿态面对外界，但是内心始终是不安的。在最终结果出来之前，没有人知道等待他们的会是什么。12月2日早上，身在得州私人牧场的小布什迎来了两位贵客——国会共和党领袖、众议院议长哈斯特及参议院多数党领袖洛特。他们表示对小布什鼎力支持，并与小布什讨论了如果他胜出，在以后的日子里国会与他进行合作的一些问题。

虽是寒冬之季，但是他们的来访给小布什带来了些许温暖。不过，他在内心始终隐藏着一股强烈的焦躁，随着时间的推移，这股焦躁也愈发膨胀。晚上10点，小布什准时上床睡觉。这时候，住在隔壁的几个朋友打开了电视，准备看一看关于竞选情况的新闻。

电视机的声音如同一枚火星，瞬间引爆了小布什心底焦躁的炸弹。他咆哮道："给我把电视机关掉！"光是咆哮已经不能发泄他心中的郁闷了，干脆一边喊一边用脚狂踩地板。那声音，简直像是一只发怒的狮子，在极度愤怒中想要撕碎任何看得见的猎物。

几个朋友吓坏了，赶紧去关电视。还没等他们关掉，小布什的怒吼声又从门缝传了过来："把电视机关掉！"

几个人吓得魂不附体，有人赶紧钻到了桌子下面，还有人跑到厨房躲了起来。这样持续了几分钟，见小布什再没有什么动静，几个人才狼狈不堪地出来，互相看了看，忍不住纷纷笑成一团。

两天后，联邦最高法院终于做出了最后裁决：佛州最高法院做出的关于人工计票结果有效的裁决缺乏充分证据，所以将此案退回到佛州最高法院进行重新审理。

这个结果让小布什阵营欢欣不已，不过还没高兴几天，又一个坏消息传来：佛州最高法院重审此案后，下令佛州对那些计票机无法判读的争议性选票进行人工计票。这样一来，戈尔的得票率有可能会上升，甚至超过小布什而反败为胜。

小布什阵营立即再次向联邦最高法院上诉。12月9日，联邦最高法院做出裁决：要求佛州暂停人工计票，等候联邦最高法院裁定佛州最高法院的裁决是否抵触联邦宪法或违反联邦相关法律规定。

联邦最高法院的9位大法官中，两位被划归为温和保守派的奥康纳和肯尼迪，在以往的诸多具有高度争议的案件中多次做出了关键性的决策，所以在此次案件中，他们的态度也广受关注。奥康纳和肯尼迪均表示赞成暂停佛州的人工计票，另外3名保守派大法官与他们观点相同，不过还有4名被划归为自由派的大法官持相反意见。

不过，奥康纳与肯尼迪等保守派法官也颇受质疑。有人认为，这5名保守派大法官向来支持共和党，因为他们的政治偏见，曾多次利用他们占多数的优势而做出备受争议的裁决。因为，民主党对联邦最高法院颇有微词，戈尔也曾在竞选期间多次抨击他们，甚至特别点名批评斯卡利亚法官，而小布什则多次对斯卡利亚法官表示支持和赞扬。

所以，从小布什最开始向联邦最高法院上诉起，便有人指出：联邦最高法院极有可能会站在小布什这一边。所以，在这场世纪对决里，小布什更有胜算。

12月9日一大早，小布什就赶紧打电话给传播主任休斯及律师等人，迫不及待地询问了案件在联邦最高法院的进展情况。这一天，小布什通过电话实时了解着"前线"的战况，他的心也跟着时而紧张，时而激动，时而担忧。90分钟的听证会，让他觉得犹如一个世纪那样漫长。听证会结束后，他终于等来了一个好消息：联邦最高法院裁决立即终止佛州的人工计票。

这场漫长的世纪对决，终于走向了尾声。12月10日下午，小布什离开私人牧场，回到了得州的州长官邸。次日，联邦最高法院再次举行了90分钟的审讯听证会。这次听证会主要解决三个问题：第一，此次选举争执是否为联邦层次的问题；第二，佛州最高法院下令重新进行人工计票，是否有变相立法的嫌疑；第三，如果一定要进行人工计票，应该采取怎样的标准。

为了摆脱煎熬的心情，小布什经常去健身房健身。在联邦最高法院举行听证会的录音在电视上首次播出时，小布什正在健身房里做运动。离开健身房时，等候已久的记者们蜂拥而上，在被问到"是否知悉听证会的详情及内心感受"时，小布什轻松地答道："我跟我的法律小组成员一样，审慎而乐观。"

小布什表示，他一直保持着自己的情绪不受波动。如果他赢得本案，将在数小时之内宣布内阁人事。

虽然受到不少质疑，小布什事先成立的政权交接总部还是正常运转着。这几天，他一直在州长官邸听取例行的国家安全简报，和早已定好的内阁人员人选召开关于组建新政府的会议。这些举动给别人一种他即将入主白宫的印象，虽然最终结果还没有确定，但是看到小布什的行动后，便在潜意识里把小布什当成了下一任总统。

12月12日，佛州众议院以79：41的投票比率，将25张选举人票投给了小布什。投票之前，民主党和共和党进行了激烈的争论，共和党议员认为，因为民主党总统候选人戈尔对总统选举结果提出了质疑，如果不任命选举人，佛州可能会在12月18日全国选举人团投票选举总统时被剥夺投票权。而民主党议员依然坚持着最初的理论：每一张选票都应该得到统计，州议会的决定是极具危险性的。

不过，多数人还是赞同任命25名选举人，这样便造成了小布什已经赢得佛州的事实。

随后，联邦最高法院以5：4的比率做出了关于小布什对佛州最高法院下令重新进行人工计票的上诉案的判决：将该案返回佛州，由佛州最高法院进行重新审理。在联邦最高法院的9名大法官中，有7人认为佛州最高法院的行为是不合宪法规定的。

而此时的小布什正躺在床上看电视新闻。他的竞选主席伊万斯给他打来电话，告诉了他联邦最高法院的最后审判结果。小布什已经嗅到了胜利的味道，他让伊万斯马上去找奥尔森，"看是否我们赢了。"

挂掉电话后，一旁的老布什立即问道："联邦最高法院的裁决是什么意思？"

小布什按捺着心中的喜悦说道："我想我们已经赢了。我想这是我们的一个胜利。"

老布什告诉他："如果你得到了什么消息，请打电话告诉我。"

在联邦最高法院的最后裁决公布后，在佛州监督重新计票的前国务卿贝克马上和伊万斯及小布什阵营的律师团取得了联系，对联邦最高法院的裁决进行紧急磋商研究。他们找到了在联邦最高法院代表小布什出庭主辩的奥尔森，向他询问情况。

奥尔森的一句话让所有人都松了一口气，他在电话里说，我们已经赢得了这场官司。

贝克马上打电话给小布什，满怀激动地说道："恭喜你，总统当选人先生。"

到此，这场疯狂的总统竞选终于迎来尾声。沮丧气氛笼罩着戈尔阵营，很多人都认为，戈尔是时候认输了。

12月13日，戈尔阵营举行了一次会议，就是否授权戴利对外宣布停止要求佛州重新计票问题展开了讨论。随后戴利表示："副总统戈尔已经指示负责重新计票工作的小组，停止所有工作。他并将于今天晚上向全国发表演说。"

果然，戈尔于当晚美国东部时间9点发表了电视演讲，正式向全国人民承认自己失败。演讲的最后，他还引用了1860年在总统大选中败给林肯的道格拉斯的一句话："党派分争必须让位给爱国情怀。"

放得下与拿得起同样重要。纵然失败，也要不失风度地离场。戈尔表示，他愿意尽快与小布什见面，并听候小布什的调遣。他希望双方能摒弃前嫌，一切以国家利益为重，尽快将这场震荡全美的总统大选所遗留的问题解决。

戈尔呼吁全国人民团结起来，支持下一任总统小布什。他向那些支持他的人们表示歉意，也为自己不再有为信仰而战的机会而遗憾。接下来，他将和家人共度一段时间。

当戈尔离开办公室的时候，很多支持他的人夹道欢送，有人大喊着"戈尔4年后重来"，希望他能在4年后再次参加总统大选。

随后，小布什也向全国发表了电视讲话。虽然在过去的这段时间里，他与戈尔彼此对立、相互攻讦，但是当这场竞争落下帷幕时，双方都非常有风度地微笑言和。小布什在讲话中透露，他将于下周与戈尔在华盛顿会晤，双方将团结一致，为国家利益并肩作战。另外，他还提到了人们最关心的教育、医疗、保障等问题，这也给选民吃了一颗定心丸。

人们纠结了数日的心终于轻松下来。这场马拉松式的总统大选在美国总统竞选史上留下了浓墨重彩的一笔，小布什以他的智慧与果敢续写了布什家族的传奇。这是一种结束，也是一种开始，小布什将以饱满的状态投入到接下来的总统工作中去，为国家事业书写新的篇章。

由干细胞引起的争论

惊心动魄的总统大选终于落下了帷幕。数日来，共和党与民主党的激烈战争也给美国方方面面留下了诸多后遗症。在战胜戈尔的这场战争中，小布什的支持率并没有比戈尔的支持率高出多少，所以那些戈尔的支持者必然会对他心存不满。长时间的激战，将美国民众分成了两个对立的派系，虽然硝烟已经散去，但是这场大选却给美国留下了深刻的创伤。

摆在小布什眼前的，便是弥合大选所留下的创伤。在庆祝竞选胜利的演说中，小布什极力呼吁人们要保持团结："我知道美国需要和解与团结。我知道美国人民要求进步。我们必须把握时机并传递出这个信息。"

他慷慨激昂地向民众承诺：他会努力建设一个公正、充满机会、团结一致的国家。

然而，反对派们对他的承诺并不买账。甚至有人尖酸地指出：小布什的侥幸胜利不是因为他的才华与智慧，而是因为联邦最高法院的干涉。他们对小布什很不服气，甚至怀疑他能否将美国人民团结起来。

尽管质疑声此起彼伏，但小布什非常有信心做好总统工作。他向来乐观，无论情况多么糟糕，他都会努力去做到最好。他甚至将这项严峻的挑战看成一个难得的时机，任务越是艰巨，越是能证明自己的实力。在接受《时代》周刊的采访时，小布什这样说道："这是一个不同寻常的时刻，我打算抓住这个时机。对共和党与民主党来说，这是一个向全国人民表示我们能够团结在一起的机会。选举的结束为那些关心国家利益胜过党派利益的人提供了一个机会。"

小布什深知，要想团结民众，当务之急是与民主党建立良好关系。所以，他从印第安纳州请来了在国会中最受敬重的民主党参议员布劳克斯。小布什在得州奥斯汀热情接待了这位贵客，商谈中，布劳克斯给小布什提出了很多宝贵的建议，这些让小布什受益匪浅。在两党关系问题上，他建议小布什从容易使两党达成共识的一些事情开始入手，不要去触碰那些容易造成两党冲突的难题。他还指出了一些共和党与民主党容易和谐合作的工作，如选举改革、教育改革、医疗保障改革等。

据说，小布什曾邀请布劳克斯加入自己的内阁政府，但是被布劳克斯婉言谢绝了。布劳克斯表示，他希望自己继续留在参议院。

小布什将在2001年1月20日宣誓就任总统，所以在这之前，他必须完成内阁政府的组建工作。此时，他要走一条父亲走过的路，踩着父亲的脚印一步步地前进。在组建内阁上，老布什的旧臣们帮了他的大忙，虽然时间紧迫，但是事情进展得非常顺利。

即将成为副总统的切尼为小布什承担了大量工作。他是老布什的旧臣，在政治舞台上已经活跃多年，丰富的经验沉淀为宝贵的智慧，这也正是小布什所需要的。而且，他对布什家族忠心耿耿，无论是老布什，还是小布什，都对这位老朋友格外放心。

2000年12月16日，小布什在得州任命鲍威尔将军为他的新政府的国务卿，负责美国的外交事务。鲍威尔也是老布什的旧部，而且是黑人中的翘楚。他曾指挥美军在波斯湾战争中取得了胜利，被人们视为国家英雄。由他出任国务卿，不仅能代表美国的形象，还能缓和种族矛盾。在美国，支持小布什的大多都是白人，黑人大多都支持民主党。鲍威尔将军出任国务卿，也是对黑人的一种安抚，小布什在黑人中的支持率逐渐提高。

随后，小布什又任命赖斯为总统国家安全顾问。赖斯曾担任小布什竞选阵营中的外交政策顾问，也曾是老布什的国家安全委员会中的俄国问题专家。她是美国历史上首位被任命为总统国家安全顾问的黑人女性，对于美国历史来说有着划时代的意义。

12月20日，小布什任命了四位内阁部长：美国铝业公司的董事长鲍罗·奥尼尔出任财政部部长、丹·伊凡斯出任商务部部长、安·维尼曼出任农业部部长、马丁尼兹出任住宅及都市发展部部长。

12月21日，小布什又任命阿什克罗夫特出任司法部长、惠特曼女士出任环保署署长。

这些安排，都是小布什经过深思熟虑后做出的。人们评价他知人善任，内阁的组建工作，已经微露他过人的统领才能。老布什表示，他对儿子的组阁情况非常满意，任用布什家族的老部下更是顺理成章的。不过也有人提出异议：第二个布什政府与第一个布什政府几乎没有什么区别，内阁成员里几乎都是老面孔。对于这些论调，老布什并不在意。他对小布什非常有信心，并对那些批评小布什太笨的论调进行了驳斥："这是无稽之谈。如果这个人真的很笨，你想他能够得到美国第二大州70%选民的支持而当选为州长吗？"

12月25日，美国在瑞雪飞扬中迎来了一年一度的圣诞节。连日来忙得焦头烂额的小布什，这一天终于有理由推掉一切事务，开开心心地和家人团聚在一起。老布什为儿子感到骄傲，他的辉煌已经在政治的舞台上渐渐淡去，儿子则接过了他手中的权杖，继续释放着布什家族的荣光。

随后，小布什带着家人来到了位于佛州的加斯波里岛，与那里的族人一起度过了两天美好的假期。这两天的小布什过得格外惬意，打打高尔夫、钓钓鱼，完全没有即将上任的紧张。其实，小布什早已胸有成竹，虽然身在外，但是一直与得州的助理和顾问们保持着密切的联系。

12月28日，小布什结束了短暂的假期，来到华盛顿举行新闻发布会。在发布会现场，小布什宣布了一个令大家震惊的决定：任命拉姆斯菲尔德出任新政府的国防部长。拉姆斯菲尔德曾在美苏冷战时期担任过国防部长，他的态度强硬而保守，甚至认为中国是美国的一大威胁。所以，在小布什政府时期，中美关系一度陷入了一种微妙的紧张状态。

时间一点一滴地流逝，小布什的组阁工作也有条不紊地进行着。2001年1月2日，小布什宣布了最后3名内阁成员，组阁工作圆满成功。

1月16日，所有的准备工作都已经完成，小布什即将前往华盛顿参加就职典礼。动身之前，小布什在接受电视采访时信心满满地说道："我已经准备好了。"他还表示，在宣誓就职时不会回头看父母，因为那是非常容易动感情的，在那样庄严的场面中，他需要控制自己的情绪。另外，他还打算更换白宫墙上的艺术品，不过他会保留克林顿用过的桌子，因为那也是肯尼迪用过的桌子。

就职典礼是美国的一件大事，无数人翘首以待。不过，美联社根据以往情况预计，在小布什举行就职典礼的这一天，可能会出现大规模的抗议游行。所以，在就职典礼之前，华府国家森林管理局与执法单位都已经做好了相应的准备。

那些准备抗议的人也早已做好了准备。据美联社报道，已经有6个团体与组织取得了在沿着小布什车队行经的滨州大道路段上举行示威的许可证。抗议活动的主办者表示，届时将有15万左右的来宾与民众观看1月20日的就职典礼，而来自全国各地的抗议者便多达2万人。

为了避免出现混乱局面，华府警方也做了充分的准备，他们表示，这一次的保安警戒措施是数十年来最为严密的一次。因为小布什的这一次就职典礼，有可能出现自尼克松举行就职典礼以来规模最大的一次抗议活动。

这一天终于来了。1月20日，华盛顿的天空飘起了细蒙蒙的雨丝，气温在零度上下。虽然天公不作美，但是就职典礼还是准时开始了。

在万众瞩目之下，小布什站在最高法院首席法官轮奎斯特面前，将左手按在宣誓用的《圣经》上，右手高高举起，开始声情并茂地宣读誓词："我承诺将会忠诚地履行美国总统的职务，并竭尽所能，保护、遵守和捍卫美国宪法。"

宣誓结束后，军队仪仗队开始鸣放礼炮，小布什正式接替克林顿成为了美国的新总统。

克林顿和戈尔与小布什握手道贺。多少争斗，多少恩怨，都在那一刻烟消云散。无论曾经他们怎样互相攻讦，但终究要让位于国家利益。老布什看着儿子，仿若看见了多年前的自己。他强忍着感动的泪，与儿子深情拥抱，而那一刻，小布什的泪也差一点夺眶而出。

随后是就职演说。小布什的演说简短精练，大约只有十分钟，主要是呼吁美国人民团结一致，共和党与民主党摒弃前嫌，为国家利益而共同努力。另外，他也对克林顿与戈尔表示了感谢："我们以简单的宣誓以肯定传统，展开新页。我首先要感谢克林顿总统多年为国家服务，副总统戈尔积极参选，令选举得以光荣地结束。我以荣耀及谦恭的心情站立于此，将继往开来。"

就在小布什进行就职宣誓的同时，来自全国各地的抗议者也在华盛顿展开了轰轰烈烈的示威游行。

上一次发生在新总统就职典礼上的大规模游行，还是在1973年尼克松的就职典礼上。有将近6万人参加了那一场声势浩大的抗议游行，与那场抗议游行相比，这一次毫不逊色。

当天，华盛顿动员了7000多名特工与警员，大街上到处都是全副武装的防暴警察，甚至还动用了直升机到处监视示威者。

在政府的严格监控下，这场抗议运动进展得非常和平。他们站在宾夕法尼亚大道两旁，抗议总统选举方式不公平，当小布什与克林顿从白宫前往国会时，抗议者们纷纷喝起倒彩。还有人烧掉了美国国旗表示抗议，一时间引得很多同行者拍手叫好。

抗议队伍高呼着反对小布什的口号，如"窃贼万岁""弹劾布什""向窃贼欢呼"等，表达对小布什就任总统的强烈不满。他们的反抗之声如同那一天冰冷的雨，为小布什即将开始的总统生涯蒙上了一层阴影。

不过，抗议的声音越是强烈，小布什越是发誓要努力做好自己的工作。他要向人们证明，自己有能力统领美国，即便是那些抗议者，他也会让他们过上更好的生活。

2001年1月22日，刚刚就任总统的小布什迎来了第一个工作日。早上7点58分，他提前了两分钟开始在白宫的办公桌上办公。小布什和老布什一样，是个非常守时的人，这与前任总统克林顿截然不同。这一天上午，他在白宫东厅主持了白宫新幕僚的宣誓就职仪式，并要求白宫的所有工作人员互相监督。他强调大家要严格遵守纪律，不迟到、不早退，上班时要穿戴整洁，甚至规定女士的裙装下摆不要超出膝盖以上。

当年，克林顿接替老布什入主白宫，对白宫规律的生活曾一度不适应，白宫工作人员也对克林顿不规律的生活习惯头疼不已。在克林顿的影响下，白宫的管理比较随便，甚至有人觉得白宫简直像大学宿舍。现在布什家族重返白宫，一切仿佛又回到了8年之前。在小布什的管理下，白宫恢复了以往的干净整洁，一切都显得井井有条。

小布什总统对自己、对他人的要求都非常严格，而对自己严格是对他人严格的基础。每天早上8点之前，小布什总统会准时抵达白宫办公室开始办公，晚上6点30分，他准时下班，和家人共进晚餐。他用自己的行动为大家做了表率，在他的影响下，白宫几乎没有人敢迟到或玩忽职守。

有一次开会，白宫首席经济顾问劳伦斯·林赛因故迟到，事后，小布什不高兴地对他说道："劳伦斯，我们是个强调时间观念的政府。"看到首席经济顾问都因迟到而遭到批评，其他人更加小心了。

还有一次，卡德正在与几位白宫高级助手进行重要谈话，眼看着快到8点了，谈话还没有结束，但卡德还是不得不结束谈话，急匆匆地去参加早上8点的国家安全情报简报。

在工作上，经济问题是小布什要解决的首要问题。自从2000年下半年开始，美国的经济数次亮起红灯，对世界经济也造成了不小的影响。在过去的8年中，克林顿政府对美国的经济发展做出了重要贡献，不仅推动了美国的经济发展，也促进了全球经济的繁荣。

不过，这一场浩大的总统竞选在美国经济上留下了一道伤疤。从2000年下半年起，美国经济出现颓势，华尔街股市连续下跌，亚洲经济、欧洲经济也都受到了不同程度的影响。

为了带动经济发展，小布什政府推出了减税计划。克林顿政府平衡预算的政策使美国财政有不少盈余，这为小布什实施减税计划提供了一定的本钱。共和党与民主党在减税问题上达成了共识，不过在减税规模、减税对象等问题上产生了一定的分歧。

1月24日，小布什在就任总统后首次在白宫会见了国会两党领袖。他极力调和共和党与民主党的关系，争取双方能团结合作，共同为减税计划献智献策。

为了能得到广大民众的支持，小布什还在电台广播上向全国人民介绍了他的减税计划。他表示，他的减税方案是刺激美国经济的正确方法，可以减轻每个纳税人的税务负担。另外，他还明确告诉民众，国家面临着沉重的外债负担，减税能够刺激经济发展，创造更多的就业机会，促进美国的经济繁荣。

对于小布什的减税计划，大多数人表示支持，但也有一些质疑之声。有人认为，这个减税计划只会让少数人受益，中产阶级几乎得不到任何好处。

为了表示自己的减税计划能让中产阶级受益，小布什特意邀请了一部分美国中产阶级家庭成员到白宫来，和他们一起讨论减税计划。在众多媒体面前，小布什表示，他计划10年减税万亿美元，这项举措将会让全美国人受益。

当时，美国联邦政府按15%、28%、31%、36%和近40%的税率等级征收所得税，在小布什的减税方案中，他要求联邦政府将税率等级削减至10%、15%、25%和33%。

联邦储备委员会主席格林斯潘对小布什的减税方案表示了支持，这给了小布什极大的鼓舞。不过，质疑声依然不少，《华尔街日报》发文分析，小布什的减税计划可能对有钱人更加有利。并以副总统切尼为例进行了细致的分析：假如这项减税计划从1999年就开始实施，切尼夫妇在1999年省下的钱将多达25万美元。

不过，在小布什的极力推销下，质疑声在逐渐减弱，支持者越来越多。《华尔街日报》和NBC在2001年1月进行了一次民意测验，结果表明，46%的人认为所有纳税人都应该减税，44%的人认为应该为支付某些特定的必要开支的人减税。

2001年2月8日，小布什正式提出了总额为1.6万亿美元的减税方案，并由财政部长奥尼尔递交国会。

国会接受了这项庞大的减税方案。这是自1981年里根政府以来，美国历史上规模最大的减税方案。

当天晚上，奥尼尔接受了"美国公共电视台"的访问。他对小布什总统的减税方案表示鼎力支持，并期待着法案实施的良好效果。他认为，新政府推动减税，主要用意在于提升税务系统的公平性，其次才是挽救处于衰颓边缘的经济。

不过，民主党议员对小布什的减税方案进行了苛刻的抨击。他们表示，这项方案只会拉大贫富差距，使富者更富，贫者更贫。他们指责这次减税规模太大，可能让联邦预算出现赤字。为了反驳小布什的减税方案，他们还提出了一个他们认为更合适的减税方案——将万亿美元的减税方案规模至少砍掉一半。

不过，他们的反对并没有阻止小布什的决心。

按照惯例，美国总统每年年初都会发表国情咨文（国情咨文：总统向国会发表的年度报告），2月27日，小布什迎来了入主白宫后的首次国情咨文。在这前一天，小布什就进行了精心的准备，并召集内阁成员听取了大家的意见。不过，小布什觉得自己上任才一个月，不打算将他的国会演说称为"国情咨文"。

小布什的演说持续了大约50分钟，向全国人民一一列出了自己的施政方案。在演说的前半部分，他谈到了美国人民最为关心的教育、医疗保健、社会福利、环境保护等问题，后半部分则集中介绍了他的减税方案。

早在竞选总统时期，小布什就已经提出了自己的减税方案，从那时起，关于减税的争执就从未间断过。就任总统后，他将酝酿已久的减税方案付诸行动，更是遭致了民主党的诸多非议。为了能顺利实施他的减税计划，他必须让全国民众看到减税的好处。

小布什向民众承诺：在未来10年所得的预算盈余中，他不会动用2.6万亿美元的社会安全保险基金，并在10年内偿还2万亿美元的国债，他的减税计划将以这两项条件为前提，实现在10年内减税1.6万亿美元的计划。

演讲结束后又是一场唇枪舌剑之争，支持者为之欢呼，反对者一片质疑。众议院少数党领袖盖哈特说道："布什总统今晚演说的东西太动听了，但听起来不真实。"参议院少数党领袖达施勒说："（减税计划）将消耗几乎所有的预算盈余，而且它是以忽视处方药、教育、国防和其他重要优先事务为代价的。"他同意减税，但是不赞同小布什的减税方案："我们同意布什总统的减税主张，今年，我们需要减税。但我们需要的是一个不同于他的减税计划。"

不过，美国民众总体上是支持这项减税方案的。哥伦比亚广播公司新闻部在小布什演讲结束后进行了一项民意调查，结果显示，有88%观看或收听小布什讲话的人表示赞成。在共和党人之中，有94%的人赞成小布什的减税方案；在民主党人之中，反对者则多达52%。

为了调动人们的积极性，小布什还亲自前往宾夕法尼亚州、密歇根州、内布拉斯加州、依阿华州等州，直接与民众互动，向人们推销他的减税方案。这种形式虽然辛苦，但是效果很好。3月8日，在小布什入主白宫后的第46天，美国国会众议院以230：198的投票率通过了小布什的减税方案。投赞成票的议员中不仅包括了所有的共和党议员（共219名），还包括一名无党派人士以及10名民主党议员。这有着非凡的意义，8年前国会通过克林顿的第一个预算案时，没有一名共和党议员跨党支持他。

当时，小布什正在北达科他州进行访问，得到消息后当晚便进行了电视讲话。他对这个结果非常满意，并认为这是一次伟大的胜利。他还表示：北达科他州天气很冷，但是这里人们的热情接待让他感受到了春天般的温暖。

过了众议院这一关，接下来便是参议院。小布什坚定地相信，该方案一定能在参议院通过。

当时，美国经济依然处于颓势。3月下旬，美国企业宣布裁员的总人数已多达40万人，这使得美国的失业队伍骤然加大。北方电讯网表示，他们将在明年年中之前裁员上万人。迪士尼公司也宣布，他们将裁员4000人。金融业的摩根大通银行宣布裁员5000人、嘉信投资裁员3400人……

为了促进减税方案早日施行，小布什于3月26日开始访问密苏里州、蒙大拿州、密歇根州等州，向各地媒体与民众表示他对经济的担忧，顺势推销自己的减税方案。

3月27日在密歇根州卡拉马祖的演说是此行的重点。在演说中，小布什向民众阐述了美国的经济现状，由此谈到了减税的重要性。他说："消费者需要帮助，他们需要减税，昨天就需要了。"对于那些质疑之声，小布什也进行了坚决的否定："我可以看看你们的眼睛说，我认为这计划绝对没错。"

这次宣传非常成功，越来越多的人开始支持他的减税方案，就连民主党内支持的呼声也越来越高。

不过，在4月4日参议院的投票表决中，小布什的减税方案却遭遇抵制。民主党认为，在未来10年减税万亿美元太过庞大。除了民主党的反对以外，还有3名共和党人倒戈，加入到了民主党反对的行列。在这3人中，来自佛蒙特州的杰佛兹属于共和党中的温和派，他认为小布什总统的减税规模过大，并主张将该项方案削减至5000亿美元。

这个结果让小布什愁眉不展，但是对于民主党来说却是个好消息。参议院的民主党领袖达施勒认为，这是一个巨大的胜利，小布什的减税方案可以宣布破产了。

要想通过减税方案，小布什不得不对该方案进行修改。2001年4月25日，小布什公开承认，国会不会批准他两个月以来积极推销的10年减税万亿美元的方案。所以，他决定缩小减税规模，并表示希望能得到温和派民主党参议员的支持。在减税规模上，他表示："我希望获得国会通过，减税规模将少于1.6万亿美元，而高于万亿美元，我们得设法让它获得通过。"随后，小布什向国会提交了新的减税妥协方案。

经过一番激烈的争讨，5月23日，参议院终于通过了一个总额达万亿的较大规模的减税方案。小布什对这个结果非常满意，他高兴地说："今天我要高兴地向各位报告，减税方案已经上路了。"

2001年6月7日，小布什在全面削减美国个人所得税万亿美元的议案上签了字，这个议案从此成为美国10年内的有效法律。

这是小布什入主白宫后的一次伟大胜利。这是小布什在竞选时对选民许下的承诺，同时也是挽救经济的一项重大决策。减税法案的实施，缓解了美国的经济颓势，对于美国经济发展有着重要意义。

减税方案的难题终于圆满解决，却还有另一个棘手的问题等着小布什，那就是关于人类胚胎干细胞研究的问题。

由干细胞引发的争论，绝不逊于减税方案所引发的争论。众所周知，人体是由200多种细胞构成的，如神经细胞、皮肤细胞、红细胞等，每一种细胞都有不同的"工作"，所有的细胞共同运作，人类才能拥有一个健康的身体。人体的这些细胞，最初都是由一个最重要的细胞发育出来的，即受精卵。卵子受精12个小时后，开始分裂成两个细胞，然后再分裂成4个、8个、12个……大约3天的时间，受精卵变成一团由13—32个细胞组成的细胞团，人们将它称为"桑葚胚"。4—5天后，胚胎细胞数目增加到500个左右，形体上成为一个充满液体的中空的圆球，人们称其为"囊胚"。受精8周后，人体的各个器官已经形成，胚胎也随之成为胎儿。而干细胞，就是指那些没有分化并有可能分化成不同类型细胞的细胞。

"干"有"主干"之意，就像一棵还没有长出枝叶的树干一样，还不确定它会生长出怎样的枝叶。

人类对于动物的干细胞研究已经有很长时间，并取得了很多重要成就。不过，人类干细胞的研究发展比较迟缓，1998年，美国威斯康星大学的生物学家汤姆逊及其同事首次分离并建成了第一个人类胚胎干细胞系。几乎同时，吉尔哈特领导的一个研究小组也从一个5—9周大的流产胎儿的组织中分离出了干细胞。

这对于科学与医学来说是一个重大的突破，这项研究为治疗多种慢性疾病（如糖尿病、慢性心脏病、老年痴呆症、帕金森病甚至癌症）带来了福音。

科学研究表明，干细胞能够分化成几乎所有组成人体的细胞，这可以用来修复那些因疾病或创伤所破坏的各种细胞和组织。生物学家们还成功地在体外控制干细胞分化成了心肌细胞、神经细胞、胰岛细胞等多种细胞，并已经在动物身上进行了成功的实验。

不过，胚胎干细胞的研究不仅关乎医学与科学，还关乎宗教与人伦。天主教及基督教的一些教徒认为，从卵子受精的那一刻起，人的灵魂就已经产生了，所以即便只是一个受精卵，也算一个人，至于5天大的胚胎，那更是人。既然是人，就应该得到保护，而该项研究需要从胚胎中分离干细胞，就意味着"杀死"胚胎。所以，他们坚决反对这种做法，甚至认为这是一种谋杀。

科学领域的人认为，胚胎有成为人的可能性，但这并不代表它一定能成为人，关键要看胚胎发育到什么程度。在受精卵发育到第14天左右时开始出现一定的结构，所以如果一定要把胚胎算作一个人的话，至少要从第14天算起。而作为研究胚胎干细胞的是受精仅仅5天的胚胎，还不能算作一个人，所以这并没有违背人伦。更何况，那些用于研究的胚胎本来就是要扔掉的。在做试管婴儿时，医生一般会使八九个卵子同时受精，然后挑选最好的那一个植入母体，其他没用到的受精卵则暂时冻起来。国家规定，这些受精卵超过规定期限如果还没有用到，就必须扔掉。所以，美国每年都有60万个多余的胚胎被摧毁。

美国关于利用胚胎进行干细胞研究是否违背人伦的问题争执了很久，小布什就任后，也一度在是否支持胚胎干细胞研究上摇摆不定。

2001年4月，一篇关于干细胞的文章出现在总统办公室的办公桌上。在文章中，作者力劝小布什支持胚胎干细胞研究，因为这有可能会治好她丈夫的老年痴呆症，同时也为其他患者带来希望。她的家庭饱受这种疾病的折磨，在文章的结尾处，她诚恳地写道："总统先生，对于您每天要做出决策的事情，我都有亲身感受……在这些重要的问题上，您若能够体察我的想法和企盼，我将不胜荣幸。您最诚挚的，南希·里根。"

南希·里根是美国前总统罗纳德·里根的妻子。里根于1981—1989年担任美国总统。这样有分量的一封信不能不引发小布什的深思。

其实，早在小布什上任的第九天，关于干细胞的问题就已经被推到了他的眼前。那一天，国内政策团队齐聚总统办公室，作为首席汇报人的玛格丽特·斯佩林斯做了一篇报告，内容包括针对残障人士的新举措，以及设立一个由前总统福特和卡特担任主席的选举改革委员会。随后，她将话题引到了关于干细胞研究的问题上："克林顿政府出台过新的法律纲要，对《迪基修正案》做出了解释，允许联邦政府资助胚胎干细胞研究，我们现在面临的选择包括……"

在竞选总统时，小布什为了争取到保守派的支持，曾保证当选总统后决不让纳税人的钱被用于支持摧毁人类胚胎的研究。所以，在这个问题上，小布什面临着两难的选择——既要信守承诺讨好保守派，又不想阻碍美国的生物医学研究。

当斯佩林斯说到这里时，小布什打断了她的话："首先，到底什么是干细胞？"他习惯于用提问获取更多的信息，这样也能试探汇报者是否真正了解这个问题。斯佩林斯是一个很认真的人，每次汇报都会准备得很充分，这次也不例外。她从科学的角度对干细胞做出了细致的解释：胚胎干细胞是一种特殊的医疗资源，它能转化为很多其他的人体细胞，如大脑神经细胞、心脏肌肉组织乃至很多人体器官细胞。因此，它能够治愈多种疾病，如老年痴呆症、青少年糖尿病、帕金森综合征等。这项技术有着巨大的发展潜力与空间。不过，抽取干细胞的唯一方式是摧毁胚胎，一面是科学，一面是道德，这为人们提出了难题。

对此，国会的态度很明确。从1995年开始，每年的参众两院都会通过禁止联邦政府资助任何毁灭胚胎的科学研究的法案，这项法律名为《迪基修正案》，是由阿肯色州国会议员杰伊·迪基发起的。1998年，威斯康星大学的一位研究人员首次成功分离出了单个胚胎干细胞，干细胞分裂后产生了许多其他细胞，这被称为一个细胞系。

科学发展的强大作用已经不言自明，克林顿政府随即对《迪基修正案》做出了新的解释：如果摧毁胚胎的经费来自私人资助，那么我们可以从已经毁坏的胚胎中获取干细胞。这样，纳税人缴纳的税款就可以用来支持这部分干细胞的研究。因此，美国国家卫生研究院已经做好了提供资助的准备，偏偏在这个时候克林顿总统期满卸任，而是否批准发放款项的决定权历史性地落在了新总统小布什手上。

小布什认为，这不仅仅是资金问题，还包括道德伦理的问题。他表示，这对他来说是一个意义深远的决定，在给出明确答案之前，他必须深思熟虑。

为了能做出合适的决策，小布什特意安排了一套决策流程。他需要听取各方面专家的意见，并向美国人民做出合理的解释。管理和预算办公室的法律顾问杰伊·莱夫科维茨为小布什提供了重要的参考资料，包括很多医学期刊、道德伦理以及法律方面的著作。小布什发现，大家对干细胞的研究各持己见，无论是支持还是反对，都有其令人信服的理由。生物伦理学家顾宁登在《科学》杂志上的文章中说："向胚胎干细胞研究说不，并不意味着能保证新生命的顺利诞生。但是如果我们进行研究，却有可能减轻人们的痛苦。"

这也是多数人的意见。不过，反对者认为，如果政府支持毁灭人类生命，这是违反道德的行为。生物伦理学专家卫斯理·史密斯登在《国家评论》上的文章中说："胚胎干细胞研究将人类带上新的发展道路，并将彻底转变人们对生命的看法；生命将会像牛群、铜矿一样，成为可控制、可买卖的自然资源，并为人开发利用，为现世造福。"

双方的争论非常激烈，更要命的是，他们的道理都说得通，小布什陷入了两难的境地。童年时代，小布什曾痛失妹妹，一场可怕的白血病夺去了她幼小的生命，假如那时医学足够发达，那么或许她就能平安度过那场生命的浩劫，和其他孩子一样健康长大。小布什不想阻碍科学的发展，但是又不能不考虑道德问题以及自己在竞选时对民众许下的承诺。

小布什邀请了一大批知名科学家、伦理学家、宗教信徒进行研讨。当一个人知道得越多时，不知道的也会越多。随着研讨的不断深入，小布什的疑问也越来越多，在演讲或会议中，他会不自觉地将这个问题提出来。比如，在圣母大学做毕业演讲时，他向该校的校长提出了关于胚胎干细胞的问题；在耶鲁大学演讲时，他又和斯隆·凯特琳癌症中心的哈罗德·瓦穆斯博士谈起了这个问题……

他需要听取各方面的意见。在那段时间里，小布什几乎把能想到的人都问遍了，而妻子劳拉更是他咨询的重要对象。劳拉的父亲死于老年痴呆症，母亲也曾饱受乳腺癌的折磨。亲人所承受的痛苦，让她更希望人类科学能战胜疾病。但是，她也担心那些支持者会对这项研究做出超乎实际的承诺，让那些看到希望的人再次堕入绝望的深渊。

青少年糖尿病研究基金会对这项研究表示支持。2001年7月，小布什邀请该基金会代表来到白宫的总统办公室。在这些人中，有两个是小布什比较熟悉的朋友——伍迪·约翰逊与麦克·奥佛洛克。他们的孩子都患有糖尿病，因此热切地期盼着干细胞研究能战胜病魔。对孩子的深爱，转化成了他们对干细胞研究的热烈支持，他们确信，这项研究能够取得突破。

小布什对此有些惊讶，因为关于干细胞的研究还没有获得检验，现在就盲目相信，似乎有些为时过早。

随后，小布什又会见了国家生命权利委员会的代表。与青少年糖尿病研究基金会代表的观点相反，他们对干细胞的研究持反对意见。他们指出，每一个微小的干细胞群都可以成长为一个完整的人，而每一个人的生命实际上都是从这一阶段开始的。在夜光基督教领养中心，有一个新的领养项目是将冷藏的闲置受精卵供人领养，一些有领养意向的母亲接受受精卵植入自己体内，直到怀胎期满。这证明了每一个冷藏的胚胎都有可能成为一个新的生命。

大家各持己见，互不相让，小布什左右为难。之后，小布什又拜访了教皇约翰·保罗二世。他曾亲历纳粹控制祖国波兰的时期，作为非意大利裔的教皇，他对波兰的历史有着重要的影响。当小布什去拜访他时，他已是英雄迟暮，行动显得非常迟缓，不过那双眼睛依然精光四射，让人从心底生出一种敬畏感。教皇认为，所有的生命，不管其形式如何，都应该得到保护，即便他知道干细胞的研究能为饱受疾病折磨的人带来福音，即便他本人也承受着帕金森症的折磨。

2001年7月10日，小布什与芝加哥大学赫赫有名的医师、哲学教授利昂·卡思进行了一番细致的探讨。小布什向他提出了这个难题，并询问他是否有办法既能坚守原则，同时又能促进科学发展，还能保持对人类生命的尊重。他希望能有一个三全其美的办法,来解决这个棘手的问题。

利昂表示:每一个胚胎都有成为生命的可能,包括那些长期冷冻的胚胎,"对胚胎的使用必然导致人们的顾虑。我们至少应该表示出起码的尊重,不能只是出于我们自己的目的而加以操控。我们处理的是孕育我们子孙后代的种子。"

不过,那些已经毁坏的胚胎是无法挽回的,小布什就此提出了一个疑问:"如果批准对干细胞研究予以拨款资助,但是将范围限制在现有的干细胞系中,会有怎样的后果呢?抽取现有已经毁灭了、无法挽回了的干细胞系的胚胎,允许科学家们对其加以利用,从中研究出治病救人的方法,是不是一个合适的选择呢?不过,如果支持对已毁灭胚胎的研究,允许联邦拨款,这是否等同于默认鼓励毁灭更多的胚胎呢?"

利昂认为,如果依靠已毁灭的胚胎进行研究,允许联邦资助似乎合情合理,但是需要满足两个条件:第一,必须重新阐明被触犯的道德原则;第二,确保联邦资金不得用来毁灭更多的胚胎。

利昂说:"如果在已有的框架与条件内进行联邦资助,就不会成为胚胎毁灭的共犯。"

这句话让小布什豁然开朗。经过了数月的查阅、探讨、争论,小布什终于有了清晰的思路,基本确定了接下来的决策。

2001年7月18日,美国参议院以63:37的票率通过了要求联邦政府扩大对人类胚胎干细胞研究予以支持的法案。不过,小布什在第二天对该法案予以否决,这也是他就任以来首次行使否决权。要想推翻总统的否决,参议院必须有2/3的否决票数，但是票数显然不够。所以，这项法案没能成为法律，关于人类胚胎干细胞研究的争论也愈发激烈，甚至有影响美国政局的趋势。

之所以这么做，是因为小布什已经找到了一个两全其美的好方法：为了保证科学发展，美国政府将资助已有的人类胚胎干细胞系的研究，同时为了信守承诺，政府不会资助开发和利用新的人类胚胎干细胞系。

当时的人类胚胎干细胞系已经有几十个，小布什认为这已经足够科学家们研究了。

然而，随着科学的发展与研究的深入，小布什的这项决策遭到了越来越多的批评，越来越多的人希望联邦政府能取消对于干细胞研究的资助限制。在该项法令的限制下，全美国只有78个人类胚胎干细胞系能够得到美国政府的资助。随着时间的流逝与科技的发展，这些人类胚胎干细胞系大多数都已经失去了活力和使用价值，其中还可供研究的仅剩下21个。而那些新的、质量更好的人类胚胎干细胞系却无法得到联邦政府的资助。

科学技术的发展对于一个国家而言意义非凡。美国的州政府也加大了对干细胞研究的支持，不过由于联邦政府政策上的限制，该领域的发展还是受到了严重阻碍。

在意大利、西班牙等西欧国家，政府都允许从多余的人类胚胎中开发、使用干细胞，而向来开明的美国却显得异常保守。在这种情况下，一些科研人员为了能有更好的科研环境，纷纷离开美国前往欧洲发展，这无疑造成了美国人才的流失。

虽然信守诺言非常重要，但是世界的形势千变万化，有些问题总是需要视情况而定。尽管这项举措饱受争议，但是小布什并没有取消限制的打算。

在当选总统之前，小布什只当过6年的得州州长，虽然出身于政治世家，但是他的政治经验算不上丰富，很多人对他能否胜任总统这个职位表示怀疑。

就任总统后，除了国内的一些举措，小布什在国际方面也采取了很多措施，甚至引发了一场空前的外交风暴。他的强势作风与克林顿截然不同，他几乎完全推翻了克林顿此前8年所推行的外交政策，在处理国际事务时带有鲜明的单边主义倾向。美国一些外交学者认为，小布什正在领导一场美国的外交政策革命。

2001年1月30日，小布什在第一次国家安全会议上讨论了新政府的国防外交政策，并谈到了巴以冲突的问题。小布什认为，此前克林顿政府在对待中东问题上的政策是错误的。随后，他把大部分时间放在了讨论伊拉克萨达姆政权的问题上。在场的所有人都能感受到，小布什关于中东地区的外交政策重点落在了伊拉克上，而非调停巴以冲突。小布什将萨达姆政权看作美国的主要威胁，这与此前克林顿政府的外交政策截然不同。

不到一个月，小布什政府以"自卫"为由对伊拉克展开了猛烈的轰炸。国际舆论一片哗然，各国都感受到了新组阁的小布什政府强硬的态度。各国纷纷对美国予以谴责，就连与美国关系不错的法国、西班牙等也都表示不满。

小布什对巴以冲突似乎毫不关心，甚至在他就任总统三个月后，美国国家安全委员会依然没有一个负责中东事务的官员。直到巴以冲突越来越激烈，小布什才派遣了中央情报局局长前往中东，对巴以冲突进行所谓的"调停"。

小布什还打算发展部署国家导弹防御系统，这遭到了中国、俄罗斯乃至美国的欧洲盟国的强烈反对。他说："我们需要一个新的架构让我们建造导弹防御来对抗今日世界的不同威胁。"另外，为了单方面地保护美国人的利益，他还反对国际刑事法庭协定。他表示，他不会将国际刑事法庭协定呈报参议院讨论批准，并试图说服其他国家不用把美国人移交刑事法庭。

小布什政府在国际社会上的强横态度引发了各国的不满。德国外交部长针对美国单方面撕毁《京都议定书》的行为予以指责，称美国犯了"致命的错误"。当时正在美国访问的一个欧盟代表团表示，不管美国怎么做，欧盟都决心实施《京都议定书》。正在加拿大进行国际访问的欧盟环境部长沃尔斯特伦对美国的自私行为格外愤怒，指责其只顾本国私利，不顾全人类的福祉，美国早晚会为此付出代价。她还向美国抗议说："环保不是他们国内的议题，是关乎国际的议题。"

小布什政府与克林顿政府截然相反的外交政策引发了美国学者的思考。美国布鲁经斯研究所的外交政策研究主任詹斯·斯坦伯格表示：小布什一上台，就全面推翻了前任政府的外交政策，其中包括克林顿政府与朝鲜政府谈判以冻结其导弹发展计划的努力，并将中国视为美国的战略竞争者而非战略伙伴。

在面对欧洲媒体记者的采访时，美国国务卿鲍威尔说道："（小布什）力求让人们知道他相信什么。然后，他试图说服别人他的立场是正确的。当他的说服不能达到效果时，我们也会坚信自己的立场是正确的，我希望欧洲人能更好地理解我们打算处理国际事务的方式。"

小布什在国际社会上奉行的单边主义政策引发了世界各国的不满，就连美国媒体也对小布什政府予以批评。在他上台仅仅半年多的时间里，就与欧盟及俄罗斯发生多次摩擦。小布什当选为总统时，支持率是非常低的，很多人对他的外交能力非常怀疑，而他上台后的种种表现，更引发了反对者们的猛烈攻击。

小布什的国际形象越来越差，美国在国际社会中也越发孤立。2001年5月31日，小布什即将启程对欧洲展开为期一周的访问。临行之前，他的总统国家安全顾问赖斯与一批外交专家为他恶补了一通外交知识。为了避免影响到小布什总统的形象，他们还宣誓绝不将此事告诉他人。不过，世上没有不透风的墙，还是有人将此事透露给了《新闻周刊》。2001年6月18日，《新闻周刊》便将此事公之于众，还揭底小布什游历很少，只去过几次欧洲。

尽管做了充分的准备，但是小布什似乎依然不受欢迎。毕竟，在他的对外政策还毫无改变时，要想修补已经破损的关系是非常困难的。

小布什政府的单边主义外交政策得罪了很多国家，美国在世界上越来越孤立。2001年5月，在联合国人权委员会投票改选会员时，美国被踢出了联合国人权委员会。

自从1947年联合国人权委员会成立，这是美国首次失去委员会的席位。

各国对小布什政府的不满是显而易见的。小布什生长于得州西部，骨子里颇有一股西部牛仔的性情。一提到"西部牛仔"，我们脑海里总会浮现出一个戴着一顶帽子、骑着一匹快马的潇洒形象，他们英勇好斗，霸气凌厉，做事情勇敢而果断。据说，小布什在担任得州州长时，经常一身西部牛仔的打扮，潇洒不羁，我行我素。当他成为了美国总统后，虽然在国际上不会以一个西部牛仔的形象出现，但是在精神上依然保留着西部牛仔的特点，一些对小布什不满的人甚至干脆叫他"得州佬"。

美国历史不能忘记"9·11"

就任总统不久的小布什万万没有想到，有一件震惊美国乃至整个世界的大事件正在向他逼近。2001年9月11日上午，19名基地组织恐怖分子劫持了4架民航喷气式客机。

第一架遭劫持的是美国航空公司11号航班，飞机原定从波士顿洛根机场飞往洛杉矶，于2001年9月11日7点59分起飞。劫机者控制了飞机后，于8点46分40秒以大约每小时490英里的速度撞向世界贸易中心一号楼（亦称"北塔"），撞击位置在大楼北方94至98层之间。顷刻间，机上所有人员及楼内大量人员当场死亡，伤者更是不计其数。

第二架被劫持的飞机是美国联合航空公司175号航班，原定从波士顿洛根机场飞往洛杉矶，于2001年9月11日8点14分起飞。劫机者刺杀了两名机长，控制了驾驶舱。飞机上有乘客联络到了自己的父亲，告诉他飞机飞行情况很不好，飞行不稳定，甚至还在下降。9点3分11秒，该架飞机撞向了世界贸易中心二号楼（亦称"南塔"），机上所有人员及楼内大量人员顷刻间死于非命，大楼上冒出滚滚浓烟，给人们造成了极大恐慌。

第三架遭劫持的飞机是美国航空公司77号航班，原定从华盛顿杜勒斯飞往洛杉矶，于2001年9月11日8点20分起飞。8点51分，飞机最后一次发送常规无线电通信。3分钟后，飞机偏离了预定航线，转向南面。随后，飞机异频雷达收发机被关闭，塔台及美航调度员多次尝试与飞机沟通，但是都没能成功。

三架飞机在短时间内先后失联，美航执行副总裁Gerard Arpey意识到了问题的严重性，立即命令所有东北部没有起飞的美航航班停留在地面。9点12分，机上一名乘客联系到了自己的母亲，告诉她飞机已经被6个人劫持，所有乘客都被转移到了飞机后面。9点34分，华盛顿里根国家机场发现一架可疑飞机正飞往白宫方向，赶紧将情况报告给了特勤局。9点37分46秒，该架飞机以530英里的时速迅速撞击美国国防部五角大楼，机上所有人员及楼内的大量军官当场死亡。

第四架遭到劫持的飞机是美国联合航空公司93号航班，原定从新泽西纽瓦克自由国际机场飞往旧金山。8点42分，飞机起飞。9点23分，该航班收到飞行调度员发送的警告："当心任何针对驾驶舱的侵入，已有两架飞机撞上世贸中心。"然而，在这场酝酿已久的阴谋面前，仓促的临时准备远远不能应付。9点28分，劫机者开始攻击驾驶舱，机组人员与劫机者展开了殊死搏斗，乘客也加入其中。在激战的过程中，飞机失去控制，于10点2分23秒在宾夕法尼亚州香克斯维尔的一片空地上坠毁，而此地距离华盛顿特区仅有20分钟的飞行时间。

这一系列的恐怖事件给美国带来了极大的恐慌，美国国防部立即发布了最高级别的国家安全警报，国会、白宫的所有人员均撤离到安全地带，全美所有航班停飞，机场关闭，飞往美国的航班均转停加拿大。

那一天，小布什身在科勒尼海滩网球度假村，距离佛罗里达州萨拉索塔市很近，早上起床后，他像往常一样诵读了一会儿《圣经》，然后下楼跑步。那时候外面还一片漆黑，晨跑是小布什每天的必做功课。

回到酒店后，他洗了个澡，然后吃过早饭，开始阅读晨报。上午8点左右，他开始听取由迈克·莫雷尔的中情局分析员向他做的"总统每日简报"。这个简报内包含着高度机密的情报及其对政治的深入分析。

听过简报，小布什动身前往埃玛·布克小学，此行的目的是强调教育改革的重要性。小布什是在学校里得知恐怖袭击事件发生的。有谁能预料，就在这样平凡的日子里，一起恐怖袭击震惊了整个世界。

小布什对这些恐怖袭击格外愤恨。后来，当他回忆起那天的恐怖场景时说道："我正坐在课室外面准备进去，旁边有一部电视机开着，恰好见到一架飞机撞击了世贸大楼。我曾经驾驶过飞机，所以看到事件发生后，首先想到的是'那位飞行员的技术实在太差，这一定是一宗可怕的空难'。"

时间仓促，小布什来不及多想就赶紧进入课室与学生见面。过了一会儿，白宫办公厅主任卡德在他耳边告诉他：又有一架飞机撞中世贸另一幢大楼，美国正遭受袭击。

从小到大，小布什从来没有想到美国居然会遭受恐怖袭击。在那样仓促的时间里，他来不及考虑详细的对策，但是有一点可以肯定——"我知道，向美国发动袭击的人必将付出最可怕的代价"。

随后，小布什向全国发表了一个简短声明，发誓一定要捉拿并严惩肇事者，保护美国人民的安全，确保联邦政府的正常运作。

　　这起空前的恐怖事件震惊了整个世界，很多国家领导人都对这起恐怖爆炸事件表示了强烈谴责。德国总理施罗德致电小布什总统，对爆炸事件中的死难者表示深切哀悼，他在电文中说道："惊悉纽约世界贸易中心和华盛顿五角大楼遭到恐怖袭击并造成了大量的伤亡。德国政府对爆炸事件表示最强烈的谴责。"俄罗斯总统普京也致电小布什总统，表示了对此事的强烈震惊，并呼吁国际社会团结起来与恐怖主义做斗争。日本首相小泉致电小布什总统，表示将会尽一切努力帮助美国。联合国秘书长安南和安理会当月主席莱维特也对这起事件表示了强烈谴责。欧盟主席国比利时首相费尔霍夫施塔特说：这不仅是美国的悲剧，更是全世界的悲剧。他代表欧盟，对这一"野蛮行为"予以强烈谴责。朝鲜外务省发言人在答记者问时说道："发生在美国的大规模恐怖活动震惊了国际社会，极其遗憾的悲剧性的此次事件再次使人深感恐怖活动的严重性。"

　　这一天，全美都被一股灰色的恐怖气氛笼罩着。痛哭声、谴责声、哀悼声、愤怒声，种种声音汇成了一股强烈的愤恨。美国政要纷纷发表讲话，强烈谴责恐怖分子令人发指的行为。

　　第二天，小布什与世界多国国家领导人进行接触，希望能建立一个反对各种形式的恐怖主义的国际联盟。他分别致电俄罗斯、法国、中国、英国、德国、加拿大等国家领导人以及联合国等国际组织的领导人，表示建立一个反对恐怖主义的国际联盟是美国政府当前的首要任务。

　　下午，小布什对遭袭的五角大楼进行了视察。在那惨烈的废墟中，仿佛有无数冤死的灵魂在哭泣。那该是怎样的绝望？当飞机起飞时，他们各自怀着美好的憧憬，有人去工作，有人去旅行，有人去看望恋人……但他们怎能想到，这一次飞离地面，便再也无法回家，所有美好的憧憬，都成为了永远的遗憾。

小布什不止一次在心中发誓：即便是掘地三尺，也要找出元凶，这不仅仅是复仇，更是为了千千万万美国人民的安全着想。没有人知道，那些可怕的恐怖组织还会策划出怎样血腥的恐怖事件，只有将他们绳之以法，消灭恐怖的源头，才能保证国民的安全。

位于纽约世贸中心大楼的安理会也遭到了袭击，但于9月12日迅即恢复了工作，并就此事件召开了紧急会议。会议一致通过决议，强烈谴责11日发生在美国的一系列恐怖袭击事件，呼吁全体成员国采取紧急行动，协助美国对该事件进行调查，尽快将幕后元凶绳之以法。中国常驻联合国代表王英凡在联合国安理会发言，表示中国政府一贯谴责和反对一切恐怖主义的暴力活动，并强烈谴责发生在美国的一系列恐怖袭击事件，支持联合国加强在打击恐怖主义方面的工作。

9月13日上午11点，美国重新开放领空，各个航班恢复正常。小布什在白宫召开了国家委员会会议，听取了情报部门的最新汇报。小布什表示，恐怖分子的袭击是针对美国的"战争行为"，他要求有关部门抓紧时间破案，揪出元凶。

随后，美国国务卿鲍威尔在国务院向新闻界证实：本·拉登是发起此次恐怖袭击的首要嫌犯。他致电巴基斯坦总统穆沙拉夫，希望巴方在反恐行动中与美配合，协力捉拿恐怖袭击的罪魁祸首。

紧张的调查工作与反恐工作共同进行着。当天，美国司法部长约翰·阿什克罗夫公布了调查的进展情况：此次恐怖袭击时坠毁的4架飞机上，至少有18名恐怖分子，他们曾在美国接受驾驶员的培训。有证据显示，这些恐怖分子来自于一个复杂的组织，他们自杀式的劫机行为有重要的地面支持，配合他们完成此项任务。

为了早日查清真相，美国联邦调查局（FBI）总共派出了7000多名侦探展开调查，FBI犯罪实验室还派出了400多名工作人员前往事故现场搜索证据。

在这起令人发指的恐怖袭击中，有大约3000名无辜的生命永远离开了人世。小布什将9月14日定为全国祈祷和纪念日。这必然是一个充满泪水与痛苦的日子，美国人民都将为罹难者祈祷、默哀。早上7点，小布什在总统办公室听取了国家安全简报。美国中情局认为，在美国一定还有很多潜伏的基地组织成员，他们甚至有可能会利用生物、化学乃至核武器等可怕的形式袭击美国。联邦调查局局长鲍勃·穆勒与司法部长约翰·阿什克罗夫向小布什详细地介绍了劫机者的调查情况。他们已经查出了大多数恐怖分子，并了解到了他们进入美国的时间、之前潜藏的地点等。

已经发生的事情无可挽回，只能尽最大的努力不让悲剧重演。小布什问道："你们怎样防止下一次袭击呢？"这个问题让在场的人有些不知所措，看到他们迷茫的目光后，小布什说道："我希望联邦调查局现在转入战时状态，我们要做的是阻止袭击的发生，而不是在其发生后进行调查。"

防患于未然，永远比"事后诸葛亮"重要得多。

随后，他们在美国著名的国家大教堂举行了祈祷会。教堂里座无虚席，前总统福特、卡特、老布什、克林顿均带着妻子出席，几乎所有的国会议员、全体内阁成员、参谋长、最高法院大法官、外交使节以及遇难者家属均来到了大教堂。只有副总统迪克·切尼没能出席，因为来自于恐怖分子的威胁依然没有消失，他必须坚守自己的岗位，保卫祖国的和平。

在小布什的授意下，劳拉与卡伦·休斯统筹了这次活动。活动中，北美伊斯兰协会伊玛日姆扎米尔·希迪基、犹太教拉比乔舒亚·哈伯曼、比利·葛培理等人做了发言。在他们之后，是小布什发言。他走上读经台，用低沉的声音虔诚地祈祷着："主啊，让你的光芒照耀在我们身上吧！"

悲痛开始在他心中蔓延。小布什说道："有太多人承受着巨大的损失，今天，我们举国哀恸。在上帝面前，我们为失踪和故去的人，以及爱他们的人祈祷……对逝去同胞的孩子、父母、配偶、亲属以及朋友，我们送上最深切的同情。我向大家承诺，你们不是在孤军奋斗。"

那一刻，在场的一些人已经忍不住落下泪水，而小布什心中也悲痛万分，勉强压抑着夺眶而出的泪水。他继续说道："如若没有这件事，美国人尚未感受到历史的距离感。但现在，我们的责任已经明晰：应对袭击，清除邪恶。密谋、欺诈与谋杀的行径表明敌人已经在向我们宣战。……上帝创造的世界是道德的世界，忧虑、悲剧和仇恨均不会长久，善良、回忆与仁爱才会永恒。生命之主将会保佑所有艰难和悼念亲人的人们。"

当小布什走回到座位时，老布什走了过来，在他的胳膊上轻轻地捏了一下。那充满慈爱的动作引起了很多人的注意，有人说，那象征着国与家的火炬从一代人传给了下一代人。无论如何，这个动作给小布什带来了无限力量，让这位就任不久的新总统受到了莫大的鼓舞。

随后，小布什飞往纽约，准备去视察遭遇恐怖袭击的世界贸易大楼。他曾在电视上看到过撞击时那触目惊心的场面，心中留下了深深的烙印与创伤。抵达纽约后，纽约州州长帕塔基与纽约市市长朱利安尼在新泽西麦士尔空军基地迎接了小布什。自从"9·11"事件爆发以来，他们昼夜忙碌，一面调配纽约州的资源，一面指挥军队展开救援。他们的脸上满是疲惫，但是小布什总统的到来，又给他们带来了无穷的力量。

小布什来到了已经被摧毁的世界贸易大楼前。那一片废墟令小布什震惊不已，五角大楼遭受袭击后至少还屹立在那里，但是世界贸易大楼却完全消失了，变成了一片废墟。

一大群救援人员正在那里忙碌着，他们从头到脚都是灰。小布什停下来，走上前去和他们一一握手，感谢他们所做的一切。在总统面前，他们忍不住流下了感动的泪，那晶莹的泪珠从他们眼中滚落下来，在脸上的灰土间开辟了一条溪流。那泪水落在地下的废墟里，也重重地落在了小布什心上。

置身于那片废墟之中，小布什只觉得像是在做一场噩梦。那里灰尘弥漫，暗无天日。早上刚刚下过一场雨，在地面上留下了大大小小的水坑。

小布什一行人穿过那些水坑，来到了一个深洞前。救援人员正在那里从碎石堆里寻找幸存者。看到小布什总统，他们纷纷排起了队伍，小布什与他们一一握手。小布什注意到，他们的脸和衣服几乎没有干净的地方，到处都是灰土，眼球上布满血丝——那是长时间工作而得不到休息的结果。他们用沙哑的声音感谢总统的到来，悲痛与愤怒在他们心中弥漫着。

那时候，已经有很多消防员在救援工作中牺牲了。有一名浑身是土的消防员走到小布什面前，坚定地对他说道："乔治，找到那些混蛋，干掉他们。"

只有在亲历伤害的痛苦时，才能了解到复仇的渴望有多么强烈。人群中要求复仇的呼声越来越高，有人对小布什高呼："不要让我失望！"甚至有人喊道："不惜一切代价！"……

面对此情此景，小布什必须说些什么了。有人给他找来了一个手提式扩音器，在众人的注目之下，小布什站到了一堆铁皮上。后来小布什才知道，那堆铁皮竟是一辆压坏的消防车。

小布什觉得，在这种时候安慰最重要，因此，他在讲话中向他们表示：美国诚心诚意地为遇难者、救援者以及他们的家庭祈祷。

然而，当一个人愤怒到极点的时候，安慰如同隔靴搔痒，根本起不了作用。人群中爆发出一声呐喊："我们听不见你的话！"

小布什明白这话中的含义，立即回应道："我能听见你的话！"

那一刻，人群中爆发出热烈的欢呼声与掌声。小布什继续说道："我能听见你们，世界其他地方也能听见你们。很快，被摧毁的这两栋大楼也能听见你们！"

小布什决不允许任何人欺侮自己的国民，他会让罪魁祸首付出惨重的代价。9月14日，美国参议院与众议院通过决议，授权小布什总统动用武力对此次恐怖袭击事件进行报复。当天，参议院通过了一个紧急拨款法案，批准拨款400亿美元用于反恐行动及救援与重建工作。

小布什发表了面向全国的广播讲话，表示联邦政府正在准备"一场对付恐怖分子的全面战争"，而且这场战争不会通过一次战斗就能取得胜利，他们将对恐怖组织及其庇护者与支持者进行猛烈打击。当天，小布什在戴维营召开了国家安全委员会会议，呼吁军队做好战争的准备。

美国FBI的工作效率惊人。15日晚，他们在美国新泽西州拘留了两名与恐怖袭击有关的嫌犯，并正式逮捕了一名制造此次恐怖事件的嫌犯。他们还查明了罪魁祸首本·拉登此时身在阿富汗，并与阿富汗的塔利班政府取得了联系。塔利班外交当局不敢怠慢，下令撤离了所有的外国人。

老布什曾担任过美国中央情报局局长。经过缜密的分析，他在一次研讨会上指出：尽管美国联邦政府花了100多亿美元进行反恐活动的情报工作，但是这起严重的恐怖事件暴露了美国情报机关工作的漏洞。中央情报局过分依赖高科技，却忽视了在敌对组织内部发展情报人员的工作，这也是发生此次重大灾难事故的原因之一。他还特别抨击了1995年通过的有关禁止海外情报人员非经总部批准而招收线人的规定，因为这项规定对于海外特工来说是极大的束缚，使他们不能放开手去搜集情报。老布什呼吁中央情报局吸取这次惨痛的教训，取消这项禁令。

"9·11"事件聚焦了全世界的目光。人们对恐怖分子憎恨不已，甚至忧心忡忡。普通百姓只想过平平淡淡的太平生活，和平是他们最大的心愿。

17日，小布什总统再次视察了五角大楼。看着那触目惊心的场景，小布什表示，他将不惜一切代价把制造此次恐怖袭击的嫌犯本·拉登抓获，并再次向阿富汗的塔利班当局发出警告：本·拉登是首要嫌疑犯，那些庇护者也将为此次事件负责。

也是在同一天，遭遇恐怖袭击的曼哈顿下城终于恢复了正常秩序，地铁通车、股市开盘，商铺也都开始正常营业。不过，这场从天而降的灾祸所遗留的问题不会在短时间内解决，他们需要漫长的调整，才能愈合这片创伤。

9月18日，美国迎来了遭遇恐怖袭击后来访的首位外国领导人——法国总统希拉克。他表示：为了打击恐怖分子，美国发起的多国反恐联合组织是可行的，而且法国一定会鼎力支持。不过，每一国都有各自的国情，都需要为自己的国家利益着想。所以，希拉克强调：法国同其他北约国家一样，在评估任何军事干涉的方法和性质上保留自己的权利。

为了打击恐怖分子，美国司法部成立了一个全国性的反恐工作队。与此同时，美国持续向塔利班当局施压，要求他们交出本·拉登。

阿富汗战火

事实上，早在2000年12月时，联合国安理会就发布了1333号决议，要求塔利班当局立即关闭其控制下的恐怖分子训练基地，并交出本·拉登。9月18日，联合国安理会再次要求塔利班当局认真执行安理会已经做出的相关决议，联合国当月主席、法国常驻联合国代表莱维特在讲话中说："安理会今天向塔利班发出了一个信息，那就是塔利班必须立即无条件地执行安理会第1333号决议。"

9月19日，小布什已经征召了5万名预备役部队，为武力打击恐怖分子做好了相应准备。另外，"罗斯福"号航空母舰正在赶往地中海，原来准备回国的"企业"号航空母舰将与"卡尔·文森"号航空母舰一起继续留在海湾地区。

对于多方面的施压，塔利班当局做出了表态。其最高领导人乌马尔表示：如果没有充分的证据证明本·拉登参与了此次针对美国的恐怖袭击，他们不会把本·拉登交给任何方面。

塔利班的态度早在小布什预料之中。9月20日晚，小布什向国会参众两院及全国发表了电视讲话，毫不掩饰地表示：美国将采取一切手段打击全球恐怖主义,"包括所有外交手段、情报工具、执法机构、财政影响以及必要的战争武器来摧毁和击败全球的恐怖网络"。小布什还说,所有的证据都已表明,"9·11"事件是本·拉登领导的恐怖组织所为。他向塔利班当局提出了4个要求:

第一,将本·拉登及其恐怖组织的其他头目交给美国政府。

第二,释放包括美国人在内的所有关押在阿富汗的外国人,保护在阿的外国记者、外交官及援助人员。

第三,立即永远关闭所有在阿的恐怖组织训练基地,将所有恐怖分子及其支持者交给负责任的政府。

第四,允许美国到阿所有的恐怖分子训练基地进行检查,以确认其不再发挥作用。

小布什的态度极其强硬,他要求塔利班政权马上行动,并拒绝与其谈判。

浓烈的火药味在美国与阿富汗之间弥漫着,战争大有一触即发之势。小布什还表示,这是一场针对恐怖主义极端分子的战争,美国的敌人不是广大的穆斯林朋友,也不是广大的阿拉伯朋友,而是一个极端的恐怖分子网络以及包庇、支持他们的政府。

不过,塔利班当局的态度依然没有转变。9月20日,美国派遣了2200名海军陆战队队员分乘3艘军舰开赴地中海。与此同时,美国国防部征召了5000名空军国民警卫队人员和预备役人员。

各国都意识到了接下来会发生什么,纷纷呼吁美国慎重使用武力。

古巴国务委员会主席卡斯特罗表示，古巴反对恐怖主义，但同时也反对战争，他理解美国在遭到恐怖袭击后的愤怒情绪，但绝不应该发动战争。伊朗外交部长哈拉奇也表示，他希望国际社会能在打击恐怖主义方面协调合作，但是如果美国由此发动对阿富汗的战争只能扩大悲剧，对于解决问题却是无济于事的。在英国，伦敦、伯明翰等地爆发了大规模集会、游行活动，呼吁英国政府与美国政府认真考虑武力战争可能对无辜平民造成的伤害，请求政府不要诉诸武力。

除了军事准备以外，小布什还签署了一项行政命令——冻结27个被他们认为与恐怖活动有关的组织及个人的金融资产，并禁止美国任何个人与团体和他们做生意。

小布什的强硬态度给美国人民带来了信心与勇气，但也给国际社会笼罩了一层阴影。联合国秘书长安南表示：国际社会打击恐怖主义将是一场长期的全球性斗争，必须通过争取所有联合国会员国的支持与合作而建立反恐国际联盟。北约秘书长罗伯逊也表示：打击恐怖主义的战役是长期而艰巨的，需要彻底的新思维，军事选择只是协调应对恐怖主义的一个方面，政治、外交及经济手段都是有效打击恐怖主义的重要策略。

尽管饱受争议，小布什还是将军事打击作为反恐的主要手段。不过，他不会马上向恐怖分子发起进攻，一切都在循序渐进地准备着，因为这将是一场持久的军事行动。

阿富汗人民已经嗅到了浓烈的火药味儿，为了逃避战争，他们不得不离开祖祖辈辈生活过的家园，前往安全的地方。据统计，到9月30日，已经有2万多名阿富汗难民（大部分为妇女和儿童）进入了巴基斯坦与阿富汗接壤的俾路支省境内。

美国向北约提供了确凿的证据，证明本·拉登所领导的基地组织参与制造了"9·11"恐怖袭击事件。10月2日，北约秘书长罗伯逊表示，现在可以确定发生在美国的"9·11"恐怖袭击事件完全符合北约《华盛顿公约》第五条的适用范围，即北约中在"欧洲或北美的一个或多个盟国"遭到来自国外的武装攻击，应视为对全体盟国的攻击。

英国已经派出了24艘战舰和2.3万名士兵前往海湾地区，准备参加10月的联合军事演习。他们还表示，如果美国提出要求，这些军队可以参加针对恐怖组织和阿富汗的军事打击行动。

美国请求北约18个盟国予以援助，共同打击恐怖组织。10月4日下午，北约秘书长罗伯逊在布鲁塞尔北约总部召开新闻发布会，正式宣布北约已经同意美国的请求，并将采取八项具体措施协助美国打击恐怖主义：

第一，北约和美国将就恐怖主义构成的威胁及对恐怖主义采取的行动加强双边和在适当的北约机构内的情报交流和合作。

第二，北约将按照各自的实力单独或集体向因支持打击恐怖主义活动而受到恐怖主义威胁的北约盟国和其他国家提供适度的援助。

第三，北约将采取必要措施以增强在美国和北约其他盟国领土上的各种设施的安全。

第四，北约将有选择地充实归北约负责的可直接用于支持打击恐怖主义行动的盟国资源。

第五，北约将根据必要的空中交通安排和各国的规定为美国和盟国飞机打击恐怖主义的军事飞行提供全面的飞越领空许可。

第六，北约将根据各国的规定准许美国和其他盟国在打击恐怖主义的行动中使用北约国家领土上的港口和机场。

第七，北约准备将其常备海军一部部署在东地中海，以显示北约的存在和决心。

第八，北约还准备部署空中早期预警力量，以支持打击恐怖主义的行动。

在这次恐怖袭击事件爆发后，小布什政府迅速做出了缜密的部署。到此时，所有的准备工作都已经成熟，阿富汗时间10月7日20点57分，美国与英国的联合军队对阿富汗首都喀布尔以及坎大哈、贾拉拉巴德等地展开了攻击。

随后，小布什发表了电视讲话，向全国宣布：根据他的命令，美军已经开始了对阿富汗的军事打击。他表示，此次军事打击的目的在于摧毁阿富汗塔利班政权的军事力量，并强调此次军事打击针对的是恐怖分子及其包庇者，与阿富汗平民无关。

塔利班当局宣称，美国的行为是在向伊斯兰世界宣战。本·拉登也对美国的进攻予以谴责，甚至诅咒美国会在阿富汗之战中失利并像苏联一样解体。

尽管小布什一再强调，他们只是针对恐怖分子，此次军事攻击绝非针对穆斯林，但本·拉登还是号召伊斯兰世界的所有人来反击这场战争。

美国发动的这场对阿富汗的进攻战争，标志着全世界反恐战争的打响。英国、德国、波兰、捷克、斯洛伐克等北约国家以及日本、韩国、菲律宾、吉尔吉斯斯坦等国都为美军提供了不同程度的后勤支援，甚至在战后派遣军队驻扎阿富汗。

这场战争持续了多年。本·拉登的行踪非常诡秘，直到2011年，美军才锁定其确切的藏身位置。2011年5月1日，本·拉登被美国海豹第六分队击毙在巴基斯坦喜马拉雅山脚下的阿伯塔巴德镇的一座豪宅里，终年54岁。这场旷日持久的复仇战，也终于接近了尾声。

2012年，奥巴马总统与阿富汗签署了战略伙伴关系协议。并表示，美国人和阿富汗人都渴望和平，阿富汗战争即将结束。战乱多年的阿富汗人民终于看到了和平的曙光。2014年12月28日，阿富汗首都喀布尔举行了一场宣告仪式，驻阿富汗国际维和部队的指挥官在仪式上收起了部队军旗，宣告战争结束。

为正义,还是利益

"9·11"事件是美国人心中永远挥之不去的阴影。这起恐怖袭击事件也在国际社会上造成了重大影响,一石激起千层浪,由此而来的战争也接连不断。

发动战争必须要有正当的理由。美国国防部长拉姆斯菲尔德表示,发动伊拉克战争主要有这样4个缘由:

一是铲除萨达姆独裁政权,帮助伊拉克人民建立一个自由、民主的政权;

二是搜寻并销毁隐藏在伊拉克境内的大规模杀伤性武器,剿灭恐怖分子;

三是结束伊拉克的独裁统治,提供人道主义援助;

四是保护伊拉克的石油及其他天然资源。

不过,绝大多数人认为这些原因不过是为了掩人耳目。美国前联邦储备局局长格林斯潘曾在其回忆录中谈到,美国发动伊拉克战争实际上是为了石油资源。

无论动机如何,结果都是一样的。

2003年3月19日，美国国家安全委员会在形势分析室召开了会议。这里是一个高度机密的通信和指挥中心，正中央是一个大屏幕，用于保密通信线路通信。大屏幕上显示的是身在沙特阿拉伯苏丹王子空军基地的汤米·弗兰克斯将军与他的副手，屏幕的其他部分显示着来自陆军、海军、海军陆战队、空军以及特种部队的指挥官。

在会议上，小布什向每位指挥官提出了两个问题：你有取胜所必需的一切物资储备吗？你对目前的战略满意吗？

汤米是最后一个发言的，他说："总统先生，这支队伍已经准备就绪。"

随后，小布什转向拉姆斯菲尔德说："部长先生，为了世界和平，为了伊拉克人民的自由，我现在宣布，进行'自由伊拉克'行动。愿上帝保佑我们的战士们！"

汤米立即敬礼回应："总统先生，愿上帝保佑美国！"

小布什随之回礼。那一刻，他感受到了一股强大的压力。小布什知道这个决定将带来怎样的后果，国际社会将对他做出怎样的评价。毕竟，全世界都在呼吁和平，而此时他却亲自将和平的土地改造成血雨腥风的战场。思来想去，小布什想到了一个绝对能理解他的人——父亲。

小布什立即给父亲写了一封信：

亲爱的父亲：

上午9点半左右，我向国防部下令启动"自由伊拉克"行动。前一阵子我刚刚开始一场战争，不管我有没有考虑过这一事实，现在做出解放伊拉克、控制这个国家所拥有的大规模杀伤性武器的决定，有点让人心神不宁。

但是，我知道我的所作所为是对的，我也祈求上帝尽可能减少牺牲。伊拉克会得到解放，世界会变得更安全。忐忑的瞬间过去了，秘密的行动已经开始，现在我正等着从前方传回的消息。

现在我知道您曾经历的一切是什么滋味了。

爱你的

乔治

踩着父亲的脚印，小布什一步步走到了政治之巅。父亲始终是他最坚强的后盾，他深爱着父亲，也崇敬着父亲。多少次迷茫时，父亲为他指明了方向，让他迷途知返。而在他孤独难过时，父亲总会在他身旁，给他最温暖的鼓舞与安慰。

几个小时后，他收到了父亲用传真回复的信：

亲爱的乔治：

我刚收到你的手书，它让我很有感触。你的所作所为就是对的。你刚刚的决定，是你直到现在为止最难做出的一个，不过你很坚强并心怀怜悯地做出了决定。担心无辜的伊拉克人和美国人失去生命是很对，不过你也只是做了分内之事。

林肯之后的所有总统，都要面对一大堆难解的问题，也许下面这句话能让你好受点：你坚强而又风度地担起重任……

记住罗宾的话："我不能用言语表达爱你的程度。"

是的，我就是这样。

忠实的

父亲

父亲的支持，给了小布什莫大的鼓舞。尽管反对声一片，他还是坚持了自己的决定。2003年3月20日，美国军队联合英国军队发起了对伊拉克的进攻。这场战争也被称为"第二次海湾战争"，美国宣称有49个国家支持此项军事行动，不过真正参战的国家只有美国、英国、澳大利亚以及波兰，丹麦政府派遣了两艘军舰支援美军，日本为美军提供了一定的后勤支援。

实际上，美国在发动这场战争时绕开了联合国安理会，在没有得到安理会授权的情况下便点燃了战火。

美国的强霸行为引来了国际社会的一片质疑之声，多个国家及国际组织对美国予以强烈谴责，更有人指出，美国故意绕开联合国安理会发动战争的行为，已经触犯了国际法。奥地利、瑞士及伊朗发布禁令，拒绝美英联军飞越其领空，土耳其禁止美军通过其领土进攻伊拉克。

几乎全世界的人都在声讨这场涂炭生灵的战争，很多地方还爆发了反对伊拉克战争的大游行。

其实，伊拉克人民的确憎恨萨达姆政府，甚至幻想着美国能够拯救他们于水火之中。在联军刚刚结束了萨达姆的独裁统治并占领伊拉克时，当地民众还曾热烈欢迎这支队伍。在美国的帮助下，伊拉克的经济有所恢复，但是发展情况并不乐观，人民的生命安全与日常生活依然没有保障。加上日益庞大的失业大军，伊拉克的经济发展非常缓慢。

2003年4月15日，美军宣布：联军已经控制了伊拉克全境，伊战中的主要军事行动已经结束。

不过，这并不代表伊战的完全终结。这场战争与阿富汗战争彼此呼应，一直持续到奥巴马当政。2011年12月31日，驻伊美军全部撤回，这场持续了将近9年的战争才正式结束。在美军撤出伊拉克时，一些伊拉克人走上街头欢呼庆贺，还有人打出了反美标语，甚至焚烧美国国旗。

这是一场两败俱伤的战争，美国与伊拉克都是输家。据统计，这场历时近9年的伊拉克战争导致了10万以上的伊拉克人民死亡，美军也受到重创。据美联社统计，美国士兵在伊拉克战争中的死亡人数为9272名，另外还有56629名美国士兵受伤。美军离开了伊拉克，他们没有留下现代化的学校或大工厂，反而留下了数以万计的孤儿寡母。伊拉克人民在战争后的废墟上煎熬着，幸福与美好似乎遥遥无期。

这场战争给美国和伊拉克都留下了一道难以弥合的创伤。虽然美国达到了打败萨达姆的目的，但是从政治、军事、经济、道义等方面来看，美国所失去的远比得到的多。

第三部分
今生

布什王朝
后继有人

循规蹈矩的"上帝宠儿"

1953年2月11日,老布什的次子,即小布什的弟弟杰布·布什在得州出生。他的全名是约翰·艾里斯·布什(John Ellis Bush),杰布(Jeb)是全名的首字母缩写。曾经,小布什在父亲的万丈荣光下倍感压力,而对于杰布来说,却要承受父亲与哥哥的双重压力。他与父亲和哥哥一样,都在商界与政界留下了属于自己的深刻烙印。

杰布比小布什小7岁,但是在性格上,小布什反而像个调皮的弟弟,而他却像个懂事的哥哥。小布什年轻时有过一段放荡的岁月,酗酒、泡吧,带各色女人回家……但是杰布与叛逆的哥哥截然相反。他循规蹈矩,做什么事都认认真真、有条不紊,是个十足的好孩子、乖学生。在自己的5个子女中,老布什最看好的也是杰布,甚至认为杰布最有潜力入主白宫。老布什夫妇将他看作上帝的宠儿,对他进行了悉心的栽培。

在学习上,杰布完全传承了父亲的特点——成绩非常优秀,这也与小布什形成了鲜明的对比。杰布18岁就读于得克萨斯大学奥斯汀分校的拉丁语系,仅仅用了两年半的时间就完成了学业。他能说一口流利的西班牙语,曾在委内瑞拉的银行工作。后来,他回到佛州从事商业活动,在迈阿密地区的地产生意做得风生水起。他对政治也很感兴趣，在这里结识了很多政界人士，并在老布什总统卸任的时候，担任了佛州商会主席一职。

杰布·布什的样子胖嘟嘟的，为人低调谦和。古巴领导人卡斯特罗曾戏谑她说他是"布什总统在佛州的胖弟弟"，还建议他减肥。对此，杰布没有与其针锋相对，只是简单地回应说："他过奖了，我很荣幸。"

有时候，最受人欢迎的未必是叱咤风云、耀武扬威的人，那些勤恳又低调内敛的人往往更受欢迎。杰布凭借着他的低调与涵养，赢得了千万粉丝的强烈支持。

杰布是一个重感情的人，甚至有人觉得，他有些多愁善感。在感情上，他没有哥哥那么多风花雪月的经历，但是当他看见那个心爱的姑娘时，这一生的感情便找到了托付的对象。17岁那年，杰布作为交换生来到了墨西哥一个贫穷的土著村落。在这片土地上，他邂逅了自己未来的妻子——科伦巴·嘉妮卡·德·加洛。

杰布向来乖巧懂事，但是17岁那年的一场邂逅，却让他做出了最令人惊讶的选择。当时，杰布和10名同学一起来到了这个陌生的地方，就连校舍都是学生们自己盖的。虽然来自美国的繁华地区，但是这些学生克服了种种困难，每天辛勤劳作，受到了当地村民的高度赞扬。熟悉了环境以后，他们经常在下午去村里的广场吃熏肉和煎饼，或者聚在一起喝酒、玩牌。

关于杰布与科伦巴的相识有两种版本。第一个版本是杰布说的。有一天，杰布像往常一样和朋友们去村里的广场闲逛。不经意的一眼，他看到一个女孩儿正穿过广场。

那就是科伦巴,他第一眼就爱上的姑娘。后来,杰布在面对《波士顿环球报》的采访时说:"我被电到了!"

第二个版本是杰布的朋友布姆普说的。有一次,一个叫作约翰·史密茨的同学认识了科伦巴的姐姐卢西拉。为了追到卢西拉,史密茨打算搞一个四人聚会。他找到布姆普,说他需要一架"僚机"(编队飞行中跟随长机执行任务的飞机,在编队中保持规定的位置,时刻观察空中情况,等待执行长机的命令。生活中经常指协助兄弟追求女孩儿的那个人)。不过,当时布姆普正在发高烧,史密茨只好找了杰布顶替。在这次聚会上,除了史密茨、卢西拉以及杰布外,还有一个女孩儿也来了,她就是科伦巴。

无论哪一次是第一次见面,这段奇缘终究是结下了。据说,在作为交换生的最后一个月,同学们很少见到史密茨和杰布,两个人把大部分时间都用在了约会上。

这两对甜蜜的恋人经常开着卢西拉的车到处游玩。从那时起,杰布就认定了科伦巴是自己这一生的伴侣,尽管那一年的他只有17岁,而科伦巴刚刚16岁。当汹涌的爱情来临时,一个小小少年可以瞬间长大,一个成年人也可以瞬间变成小孩子。

在同学们面前,杰布毫不避讳。他直爽地告诉他们,他恋爱了。

很多异地恋都败给了现实,更不要说异国恋了。然而,杰布却创造了奇迹。当他认定了她时,无论有多少波折,他都会勇敢地牵着她的手走过去。

归国的时间临近，同学们都在打理行囊准备回家，但是杰布却突然告诉他们，他不和他们一起回国了，他要带着科伦巴去墨西哥南部的港口城市阿卡普尔科旅行。

同学们都觉得，恋爱后的杰布成熟了很多。回到美国的学校后，他首次登上了学校的光荣榜，并获得了历史论文奖。布姆普说："每个人都知道他发生了变化，我们估计这都是因为科伦巴的缘故。"

科伦巴不会说英语，与杰布交流时，一直都用西班牙语。1973年的假期，杰布在墨西哥城的一家餐馆里正式向她求婚。

科伦巴是那种标准的小镇姑娘，对自己的终身大事非常谨慎。她考虑了整整一天，才终于答应了杰布的求婚，并送了一枚象征着和平的戒指给他。

这让杰布欣喜若狂。他兴高采烈地将好消息打电话告诉了父母。然而，对于老布什夫妇来说，这简直如同一记闷雷。按照布什家族的传统，他们都是在一个很小的社交圈子里为子女择偶，门当户对是最基本的要求。而杰布的选择，已经远远超出了布什家族所能忍受的界限，如同王子爱上了灰姑娘，这简直是离经叛道之事。

不过，无论家里怎样不支持，杰布始终坚持自己的选择。

杰布一直没有去科伦巴家里正式拜见自己未来的岳父母，直到结婚之前的小型晚宴上，杰布才见到了科伦巴的父母。这场跨国、跨阶层的婚姻曾令很多人瞠目结舌，但是这些在真爱面前显得异常渺小。

当时，芭芭拉对杰布的婚姻满是担忧。她在日记中写道："她真的爱他吗？"当一个一无所有的女人嫁给一个有钱有势的男人时，人们往往会怀疑她的动机。其实，科伦巴对政治、仕途毫不在乎，这一点和小布什的妻子劳拉颇为相似。2001年，在杰布担任佛州州长时，有记者采访科伦巴，问她是否会与丈夫在家里谈国家政策方面的话题。科伦巴回答说："从来没有，我们只会谈我们的孩子、猫、狗以及一些家长里短。"

杰布与科伦巴在得克萨斯大学天主教学生中心举行了婚礼。他们的爱情跨越了民族、国别、肤色，甚至语言，直到今天，科伦巴的英语依然不好。他们用西班牙语举行了婚礼，来自墨西哥的小镇姑娘科伦巴，嫁入了美国数一数二的权贵豪门——布什之家，从此开始了漫长而艰难的融入过程。每逢家庭聚会时，一家人用英语谈天说地之时，而科伦巴只能默默地坐在那里，虽然面带微笑，心中却满是茫然。

对于这个来自墨西哥的女人，布什家族的人及其朋友也都感到好奇。然而，语言在一定程度上造成了他们沟通的障碍，这反倒给科伦巴增添了一股神秘气息。

据说，科伦巴喜欢雇用流浪乐队和朋友们一起玩，喜欢在没有装饰的餐厅里享用简单的拉丁美食。她喜欢简单平凡的幸福，不愿意被记者们打扰。布什家族的朋友经常用"神秘"或"具有艺术气息"来形容她。

不过，科伦巴的好朋友、艺术家罗梅罗·布里托并不觉得科伦巴有什么神秘的地方。他这样说道："她本来是个普通公民，突然有一天变成了公众人物，所以每个人都想更多地了解她。科伦巴并不神秘，她是一个正常人，她爱自己的家人，做自己喜欢做的事，仅此而已。"

杰布很早成家，为了事业背井离乡在外打拼，这像极了当年的老布什。而身为兄长的小布什却像个花花公子般一直晃荡到30多岁才成家，当他与劳拉交往时，弟弟杰布的第二个孩子都出生了。

杰布与妻子育有两子一女。他沿袭了布什家族的传统，对子女进行了悉心的栽培。2014年，他的长子乔治·P.布什当选为得州的土地专员，又一颗布什家族的政治明星正在冉冉升起。

杰布非常在乎儿女们的发展，所以，当他得知女儿诺埃尔因为吸毒而被送进戒毒所时，又是生气，又是难过。面对采访的镜头，这个魁梧的汉子竟流下了自责的泪水。他没有责备女儿，反而怪自己忙于工作，没有照顾好女儿。

温文尔雅的杰布得到了很多人的支持，尤其是女性。杰布遗传了布什家族的商业基因，很早就显现出过人的商业才华。他与迈阿密地产商阿曼多·考迪纳合开了一家房地产公司，虽然分文未出，却成了大股东。事实上，家族的荣光已经铺就了他的人生之路，这是他与生俱来的本钱。杰布的名声在商界越来越响亮，他的人生路，已然在向父兄靠近。

小小布什再创辉煌

重视对子女的教育是布什家族的传统。对于杰布来说，最让他引以为傲的是长子乔治·普雷斯科特·布什。

1976年4月24日，后来被人们称为"小小布什"的乔治·普雷斯科特·布什在得州休斯顿出生。在这个政治世家里，他从小就受到了浓郁的政治熏陶。

他是布什家族第三代的长子，因此一出生就备受重视。家人以他的曾祖父普雷斯科特·布什为他命名，对他寄予了深切的期许。他的血脉里融入了政治的基因，从小，他就对政治充满了浓厚的兴趣。1980年，他的祖父老布什首次参加总统竞选，当时刚刚4周岁的他站在一个"布什竞选总统"的广告气球旁边，看大人们忙碌不已。那是他对政治最早的印象，或许从那时起，心中的政治梦想就已经开始萌芽。

12岁那年，祖父老布什曾把他引荐给里根总统夫妇。由于母亲科伦巴是墨西哥人，普雷斯科特有着漂亮的棕色皮肤。每当老布什向别人介绍他时，总是亲昵地将他称为"棕皮肤的小家伙"。曾有人抨击老布什，认为这种称呼是一种变相的歧视。事实上，如果他真的抱有歧视的心理，就不会满心欢喜地将这个可爱的孙子介绍给别人了。因为肤色的关系，普雷斯科特有着与生俱来的种族平等观念。因此，长大后的他备受人们欢迎。

随着时光的流逝，他的政治热情与日俱增。他没有按照布什家族的传统选择耶鲁大学，而是选择了美国南方的第一学府莱斯大学。这所学校位于得州休斯敦市市郊，环境优雅舒适。他遗传了布什家族热爱体育运动的特点，尤其爱打棒球。大学期间，他曾加入莱斯大学的棒球队。1998年，普雷斯科特获得法学学士学位，之后在佛州的一所公立学校当了一段时间的老师，后来又前往得州大学法学院深造，并于2003年获得法学硕士学位。

普雷斯科特潇洒俊逸，是个典型的"高富帅"，美国《人物》杂志曾将其列入100个"钻石王老五"之内，而且名列第四。从上学时候起，同学们就发现他简直是个天生的政治家，不仅对政治非常了解，而且有着极好的口才。

普雷斯科特曾担任共和党青年主席。2000年7月17日，当时刚刚24岁的普雷斯科特来到了位于华盛顿附近的阿灵顿县，在红热蓝餐馆与拉美裔共和党青年联合会代表一起举行了一个午餐会。

那一天，这个年轻有为的小伙子成了众人瞩目的焦点，他穿着灰褐色的西装与蓝色衬衣，打了一条颜色和谐的领带，这一身打扮更显得他雄姿英发。在场的一些母亲不禁羡慕科伦巴能有这样一个优秀的儿子，有一位母亲甚至对自己的两个儿子说："你们为什么不能穿成像他那样？"还有一位母亲走过来向他介绍起自己的女儿，问他是否愿意和自己的女儿约会。

普雷斯科特只好用微笑来回答她。后来，他对身边的朋友说，他连睡觉的时间都不够，"我才24岁，我的一切都还未定"。

普雷斯科特的母亲是墨西哥人，因此他说得一口流利的西班牙语，就连他生命里说出的第一句话，也是西班牙语。每逢演讲，他总能随时在英语和西班牙语之间自由切换。当他第一次在共和党年会上发表讲话时，便赢得了一片热烈的掌声与喝彩，人们意识到，这是布什家族正冉冉升起的政治新星。

2000年，普雷斯科特作为小布什竞选阵营中的一员引起了人们的注意。他在演讲中表示：布什伯父热烈地爱着美国人民与家庭，他一定会成为一位最好的总统。当他用英语与西班牙语高呼"布什万岁""美国万岁"时，人群中爆发出热烈的欢呼声与掌声。他不仅为小布什阵营带来了勃勃生机，而且拉到了很多选票。在一些拉美裔聚居的地区，拥有着混血面孔的普雷斯科特受到了极大欢迎。小布什频频称赞这个优秀的侄子，而杰布更是骄傲不已。仿佛只是在一夜之间，普雷斯科特就从一个孩子切换到了一个大人的角色，杰布一时间还有点不适应，直言"当年给他换尿布的情景还历历在目"。

2003年时，曾有人问普雷斯科特是否有竞选公职的打算，他回答说，他的祖母芭芭拉·布什曾建议他先把其他事情做好，如"给自己取个名字，有自己的家庭，有自己的孩子，买房子、纳税以及所有人都需要做的很多事情，而不是跑出去和别人讲：'嘿，我是某某的孙子或某某的侄子……'"

普雷斯科特诙谐的回答，引发了人们对他的好感。虽然周身笼罩着布什家族的光环，但是他始终在努力用自己的力量站起来。

先从商后从政似乎也是布什家族的传统。普雷斯科特曾与朋友合伙在得州创建了Pennybacker金融集团，并于2012年退出。在得州大学攻读法学硕士时，普雷斯科特结识了一位漂亮的女同学——阿曼达·威廉斯。恰是美好的时光，恰是合适的人，当他们的目光相遇时，这一生的缘分也从此注定。2004年8月7日下午，他们在美国缅因州肯尼邦克港的一个小教堂里举行了婚礼。

布什家族的婚礼备受瞩目，因为在这一天，前总统老布什、当时的总统小布什、佛州州长杰布均参加了婚礼，这样庞大的阵势，引来了无数人的围观，为了保证总统的安全，特勤局人员几乎将整个小镇围得水泄不通。婚礼结束后，布什一家又举行了烧烤晚会。

婚后，普雷斯科特与妻子住在得州的沃斯堡。2013年6月3日，妻子为他生下了一个可爱的男孩——普雷斯科特·沃克·布什。2015年4月13日，夫妻俩又迎来了他们生命里的第二个小天使——约翰·威廉·布什。

普雷斯科特是布什家族第三代的领军人物。在杰布的成长岁月里，父亲始终是他心中最勇武的英雄。而在普雷斯科特的成长史中，祖父、父亲与小布什伯伯都是他心中的英雄。2006年10月，美国一艘航母以老布什的名字命名，这激发了普雷斯科特参军的欲望。2007年3月21日，普雷斯科特加入了美国海军预备役部队，并供职于海军情报部门。从军，这是他的祖辈们走过的路，这一天，他也踏上了同样的征程。后来，他曾前往阿富汗战场，也像祖父老布什那样亲历了那些战火纷飞的场面。

2012年，普雷斯科特担任了得州共和党财政部副主席。没多久，他的目光落在了得州土地专员上。这是一个看起来比较冷门实则功能强大的政府部门公职。布什家族对他的决定非常支持，并在筹集竞选资金上给他提供了重要的帮助。2013年11月19日，普雷斯科特正式提交了竞选得州土地专员的资料。在大选中，他以61%的得票率毫无悬念地赢得了竞选，在这些赞成票中，有49%来自于拉美裔。在布什家族中，他是首位第一次参加竞选就获胜的人。无论是老布什，还是小布什，抑或是他的父亲杰布，在第一次参加竞选时都以失败而告终，经过不懈努力，才最终取得了成功。

作为父亲的杰布对此非常骄傲。他说道："我为乔治感到骄傲，他进行了非常棒的竞选，团结各方面力量建立起了自己的一流团队，并为得州的未来提出了清晰的前景。他将是一个令人难以置信的得州土地专员！"

从此，普雷斯科特正式进军美国政坛。

土地专员虽然没有州长、市长名气那么响亮，但是手握重权，掌管着州政府所拥有的广袤土地以及石油、天然气、矿藏等自然资源，还掌管着支持公共教育的"得州永久性学校基金"。近年来，该基金已经超过哈佛大学成为美国最大的教育基金。

超乎常人的政治背景，卓越的政治天赋，追求上进的积极态度，这让他成为了人们眼中最出色的"潜力股"。他的政治前途绝不仅限于得州土地专员，人们认为，再过一些年，他极有可能问鼎白宫，成为美国新的总统。因此,布什家族的许多朋友私下里都称他为"布什总统三世"。

年轻有为又英俊潇洒的普雷斯科特成了美国千万年轻人的偶像,在拉美裔中更是大受欢迎。2015年,他的父亲杰布·布什宣布竞选总统,他对此也表示大力支持。有人期待杰布能成为美国的新总统,也有人希望能在美国的总统竞选行列中看到普雷斯科特的身影。不过,无论最终的结果如何,人们对这对父子的崇敬与喜爱不会减少。

正面荣耀与负面资产

很多人都羡慕杰布能出生在一个豪贵家族中,降临尘世的那一刻起便拥有了多少人一生都无法企及的富贵与荣耀。然而,他们并不知道,家族背景虽然给杰布带来了一笔无形资产,但是也给他带来了巨大的压力。

杰布有一个总统父亲,还有一个总统哥哥,他为他们感到骄傲,但是父兄的万丈荣光却将他湮没,无论他多么努力,总是被冠上"老布什的儿子"或"小布什的弟弟"的称号。他不想做任何人的附庸,只想做自己。

读耶鲁大学是布什家族的传统,但是杰布似乎有意打破这个传统。他没有选择耶鲁大学,而是选择了得克萨斯大学奥斯汀分校。

1977年11月,杰布来到了委内瑞拉的首都加拉加斯,在那里担任分公司经理。不过,无论待遇多么优厚,杰布都不会甘心为他人打工。他的目标,是拥有属于自己的事业。1980年,他和家人一起搬到位于佛州迈阿密的戴德县。在那里,他结识了一位古巴移民阿曼多·考迪纳。考迪纳虽然刚刚32岁,但已经是一位百万富翁。他是老布什的铁杆粉丝,对杰布自然有着无上的敬仰之情。杰布和考迪纳合开了一家房地产公司,生意做得风生水起。这家公司迅速成为南佛罗里达州首屈一指的房地产开发公司,尽管杰布分文未出，但是仍旧获得了40%的利润分成。

在迈阿密的那些年里，杰布所从事的工作不仅仅在于房地产方面，很多领域都曾涉足。比如，曾供职于一家移动电话公司，曾在阿拉斯加石油管道公司的董事会工作过，还曾购买过一家鞋业公司……

这些丰富的经历，都沉淀成了漫漫人生路中的智慧。当一个人经历得越多，他的内心也就越成熟、越睿智。

在父亲竞选总统时，杰布曾与哥哥一起忙前忙后，到处为父亲拉选票。他和哥哥一样崇拜父亲，从小到大，父亲便是他眼中最大的英雄，而且时时刻刻都以父亲为榜样。他曾自豪地表示，父亲是他见过的最伟大的男人。

受家族影响，杰布也渐渐淡出商界，投身到政界中去。他担任了戴德县共和党主席一职，政治的大门正在一点点向他打开。

在这段时间里，杰布积累了大量政界人脉，在政治上也渐渐形成了自己的风格与理念。此前，他大多时候都是在模仿父亲，在政治理念上也基本是追随父亲。

在当时，有很多古巴流亡者已经定居在南佛罗里达州，因此杰布主张支持对古巴的禁运。他还曾敦促父亲赦免古巴流亡者奥兰多·博什，博什出狱后获得了在美国的居留权。

1994年，杰布参加了佛州州长的竞选。与此同时，他的哥哥小布什也参加了得州州长的竞选。不过遗憾的是，杰布输掉了这场竞选，而哥哥则取得了成功。

有时候，与你一起并肩作战的人和你一样失败了，你会为他难过，但是如果他成功了，你会更难过。对于杰布来说，这是一次不小的打击。他衷心地祝福着哥哥，但是也在哥哥的荣光里感到窒息。

　　失败并不可怕，可怕的是失去了从头再来的勇气。成功永远不会一蹴而就，每一个梦想的巅峰，都是一步一个脚印才能到达的。虽然失败了，但是杰布并没有气馁。杰布不是小布什那样天生的社交明星，也没有小布什那样迷醉癫狂的青春，但是他有一颗睿智的心，有一个勤恳的灵魂。他像父亲那样冷静而深沉，失败之后，对自己进行了细致的检讨。州长梦已经在他心里扎根，总有一天，他会实现自己的梦想。

"最容易接近的州长"

梦想是留给奋斗的人的。1998年，杰布再次竞选州长，并成功击败了民主党的州长候选人巴迪·麦凯。在这次大选中，杰布囊括了61%拉美裔选票及14%的非洲裔美国人选票，这个结果出乎了人们的预料。2002年，杰布成功连任，成为第一个连任两届佛州州长的共和党人。

在这8年的州长生涯中，杰布为佛州的发展做出了重要贡献。他在人们心中树立了伟岸的形象，赢得了良好的口碑。

佛州劳动力人数居美国第四，在杰布担任州长的这8年中，其失业率一直很低，税赋也减到了十年来的最低点。杰布与人民亲密互动，时时刻刻关注着人们的需求。他还通过"杰布网站"与公众沟通，很多普通居民都曾收到过杰布州长的电子邮件。因此，人们称他为"e州长"，与他互动成了大家最开心的事。

有人评价说，杰布是最容易接近的州长。在他的管理下，佛州经济迅速发展，人民生活安居乐业，因此大家对这位可爱的州长愈发爱戴。

在经济上，杰布采取了减税政策，对经济发展起到了重要的刺激作用，并抑制了通货膨胀。

在教育上，杰布非常注重公众教育的改革，并实施了"A+计划"，对佛州所有学生的考试设立严格的标准。从1998年到2005年，佛州四年级的学生在全美国评估阅读成绩中平均提高了11分，所取得的显著成果可见一斑。在高等教育上，乔治在任职期间批准成立了三个新的医院院校，并提出了"一个佛罗里达"的建议。

在医疗上，杰布进行了医疗改革，对医疗补助制度进行了完善。另外，他还要求医院将医疗水平、疾病的感染情况等信息公布到网上。在美国，佛州是第一个这么做的。

在当时，堕胎成为美国热议的问题，支持者有，反对者也越来越多。杰布提出了反对的主张，不过，他支持一项要求家长通知青少年堕胎的法律，并要求法院为智障女性被强奸而产下的婴儿指定监护人。

杰布和父兄一样酷爱体育运动，尤其钟爱橄榄球。2006年5月，杰布成为了美国国家橄榄球联盟的下一任长官。其前任长官保罗·塔利亚布说：他的任期即将结束，正在寻找自己的接班人。而当他看到杰布的时候，便觉得他是最好的人选。杰布感到受宠若惊。不过他也表示，他会在自己的任期内做好自己的本职工作，做好自己的州长。

对于一个政治家来说，成为国家的最高元首是一生中最崇高的愿望，那是人生的希冀，也是梦想的巅峰。杰布早就有竞选总统的打算，在担任佛州州长时就已经萌生了这个想法。2000年，哥哥小布什竞选总统，为了能让哥哥赢得佛州的选票，他做出了最大的努力。不过，那终究是为人做嫁衣，当人们为哥哥庆贺时，他的眼角闪过一丝不易察觉的落寞。

或许，在哥哥竞选总统时，杰布也曾有过同样的念头，不过他将其深深地藏在了心里。总统只有一个，他不会与哥哥竞争。不过，杰布心中的斗志始终不曾泯灭，在小布什卸任后，那个沉睡多年的总统梦再次苏醒过来。

杰布拥有着他人无可比拟的优势，曾有人预计，如果杰布宣布参加总统竞选，那么共和党内没有人能与他竞争。

与哥哥小布什相比，杰布更像老布什。他沉稳严谨、做事干练，虽然不像小布什一样话那么多，但是每一句话都极具分量。小布什在竞选总统的演说中，曾多次出现口误，甚至混淆了斯洛文尼亚和斯洛伐克，暴露了其外交知识贫乏的弱点。而杰布是决不会犯这样的低级错误的。

2015年6月15日，杰布·布什正式宣布参加2016年的美国总统大选。

消息一出，布什家族立即再度成为人们关注的焦点。为了竞选总统，杰布做了充分的准备。他辞掉了各种职务，包括在一些企业及非营利性机构中的职务，连自己的教育基金会也全权交给别人打理。他还终止了一份与英国巴克莱银行的合同，放弃了高达百万美元的诱人年薪。

有一些得到，总是先从失去开始的。懂得放弃，才能拥有更完美的人生，才能实现更远大的理想。

很有可能成为第三位布什总统的杰布备受瞩目，而很有可能成为第一夫人的科伦巴也引起了人们的注意。越来越多的人开始关注这个特殊的拉美裔女人，并对她可能为丈夫带来的影响进行了各种猜测与评价。

科伦巴向来不喜欢抛头露面。不过，杰布经常在演讲中提到她。到

2015年,他与妻子结婚已经有41个年头了。很多夫妻到了这个年龄,爱情几乎已经淡化,但是杰布对妻子的爱依然溢于言表。2015年3月,杰布在内华达州演讲时再次谈到了妻子。他表示,自己的生活可以分成两个部分:认识科伦巴之前和认识科伦巴之后。

当时,台下有很多年纪较大以及以西班牙语为母语的观众,在听到此处时纷纷报以欢呼与热烈的掌声。不过,科伦巴并没有出席这次演讲,人们猜测,或许是因为当时杰布还没有正式宣布参选,所以她不想给人留下急于为自己贴上候选人夫人标签的形象。

科伦巴对政治几乎毫无兴趣,甚至曾表示谈论政治是外星人做的事。由于杰布经常忙于工作,很少有时间待在家里,科伦巴常常为此抱怨。尤其是从1999年到2007年,担任佛州州长的杰布一直住在佛州首府塔拉哈西,而科伦巴住在迈阿密,媒体多次爆料科伦巴感到不幸福,甚至觉得丈夫的事业毁了他们的家庭和孩子。1992年,老布什正紧张地竞选连任,《迈阿密先驱报》的记者问科伦巴对此有什么看法。科伦巴的回答令人们非常惊讶:"我想回厨房去,辅导孩子们做家庭作业,或者看看电视。"

为此,杰布的支持者们也对科伦巴能否当好第一夫人充满怀疑。杰布的幕僚们都知道,每当科伦巴出现在杰布的办公室里时,她永远只关心一件事——杰布能否按时下班回家吃饭。

杰布能说一口流利的带有古巴、尼加拉瓜或者墨西哥口音的西班牙语,这种腔调让他富有拉丁味道。由于妻子及生活的影响,他看起来更像是一位拉美裔,而这也使他赢得了那些拉美裔人民的支持。

又一个布什总统来了？

　　总有人以为，金钱才是自己追求的永恒目标。但是当人有了足够的金钱后就会发现，其实梦想远比金钱重要得多。我们毕生所追求的，不应该仅限于空洞的物质，精神上的富足，才是快乐与幸福的源泉。

　　一分耕耘未必有一分收获，但是十分耕耘总会有一分收获。漫长而艰辛的逐梦路上，没有人可以一蹴而就。只有一步一个脚印地前行，才能抵达梦想之巅。

　　为了实现心中的总统梦，杰布开始拼命努力。据美国媒体报道，为了能在选民中塑造良好的形象，杰布还进行了节食减肥。现在的杰布身形健硕，脸部轮廓分明，与以前那个胖嘟嘟的形象判若两人。据说，杰布在短短数月之间减重9—14公斤。

　　很多人都希望拥有苗条的身材，但是面对美食的诱惑，又总是无法拒绝。即便是下定决心减肥，一年能减下10公斤已属相当不易。对于杰布来说，总统才是他的终极梦想，在这个梦想之外，所有事物都需要为之让路，哪怕是一点点的障碍，他也会毫不犹豫地将其清除。

　　在共和党内，几乎没有人能比杰布更具优势。不过，民主党的总统候选人希拉里·克林顿则与他势均力敌。最近的民意调查结果显示：杰布与希拉里的民意支持率分别为42.4%、47.6%，杰布稍显逊色。

面对这样有竞争力的对手，杰布不敢怠慢，正如他所说："我不会视一切为理所当然，我会用心去竞选。"

如果杰布在2016年的大选中胜出，那么他将成为布什家族的第三位总统。

不过，杰布一直在努力摆脱"布什第三"这个称号，他希望人们忽略他的家族背景，而把他看作一个普普通通的参选者。不过，这几乎是不可能的，无论他是否愿意，这个硕大的光环始终围绕着他，让他无法摆脱。

杰布试图让人们看到属于他自己的特点，将自己与父兄区分开来："杰布与乔治不同，杰布就是杰布，他拥有一个不同的人生故事。"他要让人们明白，自己不是父亲老布什，也不是哥哥小布什，他的人生脉络与父兄截然不同："在我的生活经历中，既充满挫败也充满成功。我想这正是总统选举所缺乏的——一个经历生活、被生活所调教的人。"

杰布一直是共和党内最有望胜出的总统竞选人，不过，他依然谦虚地表示，自己需要花费一定的时间和精力在共和党竞选人阵营中胜出。到2015年6月14日，共有10名共和党人宣布参加2016年的总统大选。事实上，有一些跃跃欲试的人在得知杰布参选后，已经悄悄放弃了竞争，因为他们深知，杰布所具有的声望与优势在共和党内几乎无人能比。

2015年6月15日下午3点，杰布在迈阿密的戴德学院举行了宣布仪式，正式宣布参加2016年的总统大选，并向联邦选举委员会递交了总统竞选文件。

在迈阿密的竞选启动仪式上,小布什和老布什均未现身。所有人都看得出来,杰布在努力用自己的力量来挑战这场对决。他不想打亲情牌,不想让人们注意到他的家族背景。他满怀自信地说道:"我来竞选是因为我能赢。我会去全国各地,倾听每个人的心声,遵守承诺,面对问题且毫不退缩,坚守我的信仰,我将全身心去参加竞选。我会赢。"

杰布表示,他会优先照顾社会上的弱势群体,在他担任佛州州长时,便是这么做的。如果他在大选中胜出,成为下一届总统,他会比以前做得更好。

在经济上,杰布也为人们画出了自己的蓝图。他承诺将会放松管制政策,令经济年增长4%,提高就业水平,简化税法,减少联邦债务,制定教育券计划……

杰布是个内敛而细致的人。2000年总统大选时,他陪着哥哥一起关注佛州的选情数据。漫长的等待让每个人都心焦不已,小布什实在等得不耐烦,打算直接宣布胜选。在一旁的杰布立即提醒他:"乔治,先别这样,结果太接近了。"

在担任佛州州长时,每一周他都会抽出30个小时来亲自回复公众的邮件。在身边人看来,他简直是个工作狂,为了工作几乎到了废寝忘食的地步。因此,当女儿涉毒遭到逮捕时,他自责的泪水簌簌滑落,认为是自己忙于工作,对女儿疏于管理所致。

在一些热点问题上,杰布也向公众提出了自己的观点。他反对堕胎,除非是在女性遭遇强奸、母亲生命受到威胁或乱伦的情况下才可以选择人工流产。在能源与环境利益问题上，杰布表示支持佛州以外的海上钻井。他表示，国家应该起到决策作用，扩大国内的能源生产，以此确保美国的能源安全。

在对待同性恋问题上，杰布的观点有了一定的转变。以前的杰布坚决反对同性婚姻，认为同性恋人不应该得到特殊的法律保护。从2012年开始，杰布对待同性恋的态度开始有了转变。他表示，同性恋人不应该受到歧视。虽然他依然不接受同性恋，但是态度上已经不再那么强硬。最近，他又谈到了对同性恋的看法：应该尊重同性恋者，法律上也应该予以保护。

另外，杰布还对奥巴马医改进行了批评，直指这是"有缺陷的"，除了政治上的意义外，对人民来说几乎没有任何实质性的作用。他也表示，如果他当选，将会进行新的医疗改革，为人们提供有效的医疗保障。

在2016年的大选中，无论是希拉里胜出，还是杰布胜出，都将是一件令人震撼的事。假如希拉里胜出，她将成为美国的第一任女总统；假如杰布胜出，他将是布什家族第三个入主白宫的人。

这次大选，将是一场震撼人心的巅峰对决，让我们拭目以待。

第四部分
拓展

盘点美国政坛
另外"四大豪门"

亚当斯家族

布什家族是一个传奇。不过在美国，还有四个大家族令人们津津乐道，它们便是亚当斯家族、罗斯福家族、肯尼迪家族以及克林顿家族。在美国乃至全世界的政界与商界，它们都留下了浓墨重彩的一笔。

曾有人称亚当斯家族为美国第一王族，此言并不为过。亚当斯家族是首个产生父子总统的家族，美国的历史甚至民主体制的确立，都与亚当斯家族有着密不可分的联系。

1640年，约翰·亚当斯（老亚当斯）的高祖父亨利·亚当斯带着妻子伊迪斯·斯夸尔·亚当斯以及九个孩子离开英格兰的萨默塞特郡，来到了美国的马萨诸塞州的布雷茵特里，并在这里定居。亚当斯家族开始在这片陌生的土地上开疆拓土，用汗水与智慧开创了一片锦绣江山。

他们带来了先进的医疗技术。1721年，美国波士顿天花流行，约翰·亚当斯的舅公引进了预防接种技术，挽救了很多人的性命。

塞缪尔·亚当斯与约翰·亚当斯是堂兄弟。在哈佛大学读书时，塞缪尔就表现出了过人的政治天赋。大学毕业后，他在商界摸爬滚打了几年，始终没有找到出路。事实上，他是"身在曹营心在汉"，虽然经着商，心思却全放到了政治上。结果,他不仅没有赚到钱,还把父亲借给他的一千英镑全赔了进去。几经辗转,塞缪尔终于投身到热爱的政治之中,和朋友一起成立了地下组织,展开了积极的政治活动。

1764年,当时北美的宗主国——英国公布了新的殖民地《食糖法》,其中一条规定殖民地人民"纳税而无代表权",这激起了当地人民的愤怒。塞缪尔借此机会号召人们奋起抗击,可谓是一呼百应。随后,他又批评了英国新颁布的《印花税法》,指责其对殖民地随意加税。

塞缪尔发动群众展开了一场激烈的示威运动,并捣毁了印花税征收办公楼。面对人们的指责与声讨,英国不得不放弃《印花税法》。

这件事让塞缪尔声名鹊起,一时间成为了万人敬仰的风云人物。1765年,他被选入马萨诸塞州议会,为反抗宗主国英国做出了重要贡献。

1774年,马萨诸塞州召开了北美各殖民地代表大会,12个北美殖民地共56名代表齐聚费城,召开了第一届大陆会议,其中,塞缪尔·亚当斯、约翰·亚当斯、乔治·华盛顿等人均参加了此次会议。这次会议通过了约翰·亚当斯起草的《权利宣言》,决定与英国断绝贸易关系。随后,他们向英国递交了请愿书,要求取消对殖民地的强硬措施。

亚当斯家族诞生了第一对美国父子总统,人们习惯于称呼他们为"老亚当斯"和"小亚当斯"。老亚当斯被誉为美国的国父,曾参与起草、修改《独立宣言》,并说服各州通过《独立宣言》。

1777年,老亚当斯与本杰明·富兰克林、阿瑟·李一同被派到了法国巴黎,向法国寻求经济上的援助。三年后,他又出使荷兰,不仅说服荷兰承认了美国的独立地位，还得到了荷兰提供的500万荷兰盾的贷款。

老亚当斯取得的这一硕果为新生的美国带来了希望。后来，他与富兰克林和约翰·杰伊一起与英国谈判。谈判桌上的老亚当斯寸步不让，捍卫了还处在襁褓之中的美国的主权。1783年，英国与美国签订了《巴黎和约》，承认了美国的独立地位。两年后，老亚当斯被任命为派驻英国的第一任美国公使。在这期间，他以过人的外交才华保护了美国的主权，也在国际上树立了美国的良好形象。1788年的春天，这位功勋卓著的国父回到美国，受到了美国人民的热烈欢迎。在美国的第一届总统大选中，乔治·华盛顿当选为美国的第一任总统，老亚当斯当选为副总统。

1797年，老亚当斯在总统大选中胜出，成为美国的第二任总统。

当时，美国与法国关系恶化，甚至达到了要诉诸武力的程度。在老亚当斯的努力下，美法关系逐渐改善，他以签订合约的方式和平解决了与法国的问题。法国承认美国在海上的中立权，并免除了美国在独立战争时美法联盟中所承担的义务，而法国则得到了美国的贸易最惠国待遇。

很多用武力来解决的问题，其实都可以用和平手段去解决，其效果也远比武力解决好很多。

1800年，老亚当斯在总统大选中落败，没能实现连任。卸任后的老亚当斯回到了马萨诸塞州的老家，在那里颐养天年。89岁那年，他等到了一件令他兴奋不已的事——儿子约翰·昆西·亚当斯（即小亚当斯）当选为总统。

小亚当斯是老亚当斯的第二个孩子。在他的成长轨迹中，受到母亲阿比盖尔·亚当斯的影响很大。阿比盖尔有写日记的习惯，在那些困顿的年月里，她将生活中的一点一滴以日记的方式刻录下来，给后人留下了珍贵的资料。后来，她的这些作品在后人的整理下以《亚当斯夫人书简》和《革命时期的约翰·亚当斯和夫人家书录》为名出版，得到了广泛的好评。

她是个独立的女子，提倡妇女接受教育，主张妇女婚姻自由。对于老亚当斯来说，她也是一名得力的贤内助。

很小的时候，小亚当斯就在母亲的影响下开始广泛阅读，10岁时便开始阅读莎士比亚的作品。少年时代的他多次跟随父亲辗转于欧洲各国，14岁时已经能说一口流利的法语。

他是个令人惊叹的天才少年，这份光环几乎伴随了他的整个成长轨迹。1785年，已经长成一名健硕青年的小亚当斯回到祖国，竟能把拉丁语、希腊语、法语及荷兰语都说得相当流利，这再度给人们带来了震撼。

随后，小亚当斯进入美国哈佛大学，于1787年毕业，并继续学习法律。1790年，他获得了律师资格，在波士顿开了一家自己的律师事务所。

他所掌握的多门外语为他铺开了一条人生的康庄大道。1794年，华盛顿总统任命他为驻荷兰公使。在这期间，他不仅出色地完成了自己的任务，还对法国大革命进行了细致的观察，并写出了见解独到的报告。这份意外的收获让华盛顿非常高兴，并赞叹他是"派往国外的最有价值的政府官员"。

1797年，小亚当斯担任驻葡萄牙公使，后因父亲当选为总统，又在父亲的任命下担任了驻普鲁士公使。

小亚当斯有着漫长的公使生涯，在列国之间游走了很多年。1809年，小亚当斯在麦迪逊总统的委派下担任了第一位美国驻俄公使。在他的努力下，美国与俄国关系还算融洽。他还说服沙皇允许中立的美国船只进入俄国的港口，为美国争取了不少利益。

1818年，詹姆斯·门罗总统任命小布什为国务卿。在这段时间，小亚当斯协助起草了《门罗宣言》，解决了美国与英国的纠纷，与加拿大确定了边界，从西班牙手中得到了佛罗里达州……他的累累硕果，令美国人对他敬爱有加，这些也为他日后竞选总统奠定了重要的基础。

1825年，小亚当斯竞选美国总统，经过激烈的角逐，他当选为美国第六任总统。

小亚当斯是一位很有作为的总统。在任期间，他提出了一个庞大的国内发展计划，提议由联邦政府出资兴建高等级公路和运河网络。那时候，美国经济已经有了突飞猛进的发展，而落后的基础设施已经不能满足经济发展的需要。小亚当斯的计划得到了国会的批准，这些设施为美国经济的发展起到了重要的推动作用。

小亚当斯对美国的教育事业功不可没。当时美国的高等教育界基本都是私立大学，收费非常高昂，很多想读书的人心有余而力不足。小亚当斯认为，美国需要建立一批具有先进办学理念及一流师资、收费又相对低廉的公立大学。他向国会提交了高等教育改革的方案，提议由联邦和各州政府投资在全美各地兴办一批公立大学，让更多的年轻人有机会接受高等教育，为国家培养更多的人才。与此同时，政府制定法律，对私立大学进行整顿，实行优胜劣汰，敦促他们进行自我改进与提高。

经过小亚当斯的积极努力，这项教育改革方案在国会顺利通过。也是从那时起，美国才有了公立大学，这对美国的教育事业而言有着划时代的意义。

1828年，小亚当斯像父亲一样没能赢得连任，卸任后回到了家乡马萨诸塞州昆西市。不过与父亲不同的是，他在第二年被选入美国众议院，成为了唯一一位卸任后又进入美国众议院的前总统。

可以说，亚当斯家族参与缔造了美国的历史。这个庞大的家族如同一颗璀璨的星，点缀了美国的历史天空。

罗斯福家族

在美国的总统史上，有一位特殊的总统。他坐在轮椅上，却有着定夺天下的能力与魄力。他不能用自己的双腿站立，却成为了千万人仰慕的巨人。他是美国历史上唯一连任超过两届（共连任4届，于第四个任期病逝）的总统，是美国迄今为止在任时间最长的总统。

他便是富兰克林·罗斯福。

富兰克林·罗斯福来自于一个庞大的家族——罗斯福家族。在这个家族中，除了第32届总统富兰克林·罗斯福以外，还诞生了另外一个总统——第26届总统西奥多·罗斯福，另外，还有一位第一夫人埃莉诺·罗斯福也是这个家族中的一员。

罗斯福家族源自荷兰。17世纪初，英国航海探险家亨利·赫德逊发现了一条河，并将其命名为赫德逊河。这条河从北向南流经纽约市区，最后注入大西洋，全长500多英里。之后，荷兰移民纷纷沿着赫德逊河两岸定居，建立起了新尼德兰殖民地。

1648年，一位名叫克莱斯·马顿曾·范·罗斯福的人来到了这里，逐渐开枝散叶，罗斯福家族渐渐强大起来。

来到美国不久，克莱斯购置了木栅栏（早年定居纽约的荷兰裔移民为抗击英国人入侵而修建的一道木栅栏墙，英文名字为Wallstreet，即今天的华尔街）以外几英里处的18英亩的农田。克莱斯与妻子珍妮切育有6子，其中一位名叫尼古拉斯·罗斯福，是西奥多·罗斯福和富兰克林·罗斯福最近的一个共同祖先。

尼古拉斯是一名毛皮商人，后来在纽约开了一家面粉厂，并进军房地产界，后来又进入政界，当选为市参议员。尼古拉斯有两个儿子，一个留在了奥伊斯特湾，另一个留在了海德公园村。两个人分别开枝散叶，形成了两个罗斯福家族。

此后，罗斯福家族中产生了很多著名的商人及政客，而从政更是成了这个家族的传统。

1858年10月27日，西奥多·罗斯福出生。西奥多自幼体弱多病，为了能拥有强健的体魄，他学习了拳击、骑马、游泳等，经常进行各种体育运动。由于身体不好，他只在学校读了几个月的书，就改为在家学习了。身为大银行家的父亲为他请了最好的教师，对他进行了悉心的栽培。长大后的西奥多身体强健，这与他多年的体育锻炼有着密切的关系。1880年，刚从哈佛大学毕业的他与爱丽斯举行了婚礼。四年后，爱丽斯生下一个女婴，然而遗憾的是，仅仅在孩子出生两天后，她就去世了。更不幸的是，西奥多的母亲也在同一天离开了人世。

两个最爱的人在同一天离开了自己，巨大的悲痛在西奥多的生命里炸裂开来。从此，他再不提爱丽斯，唯恐碰到心中那根最敏感的弦。他将女儿托付给大姐抚养，然后一个人跑到北达科他州过起了放牧生活。

在那里，他经常骑马、打拳击，还曾做过一段时间的代理警长，负责追捕盗窃犯。他拼命地工作，试图让忙碌来填充自己的生活，以便将那些痛苦的往事都忘却。1886年到1887年的那个冬天异常寒冷，牧场的牲口被悉数冻死。无奈之下，他只好返回东部。这一年，他作为共和党候选人参加了纽约市长的竞选，但是没能成功。之后，失意的西奥多去了伦敦，在那里邂逅了伊狄斯·卡柔，两个人很快步入了婚姻的殿堂。在这段蜜月期里，西奥多攀登了勃朗峰，他所领导的探险队是历史上第三个登顶的团队，这一光辉战绩也使他声名鹊起，并被英国皇家学会吸纳为会员。

西奥多与伊狄斯育有四子一女，生活终于稳定下来。那些失意与悲伤，统统被时光的河流带走。政治的大门，也渐渐向他敞开了。

1898年，美国为夺取西班牙的殖民地古巴，爆发了美西战争。在美西战场上，西奥多率领着一个骑兵团英勇作战，屡战屡胜，被人们誉为"战斗英雄"。硝烟战火中，西奥多名声大噪，还没等他回国，名声却早已飞回了美国。回国后，西奥多被共和党提名为候选人去竞选纽约州州长，并获胜。在担任纽约州州长期间，他勤政爱民，政绩斐然，当地人民对他爱戴有加。

1900年，西奥多被提名竞选副总统候选人，随着威廉·麦金利赢得大选，他也顺理成章地进入了白宫。不过遗憾的是，威廉上任仅仅一年，就遭枪击身亡。1901年9月14日，作为副总统的西奥多宣誓就任美国总统。

历史的浪潮将他推向前方，在西奥多担任总统的那一年，刚刚42岁。

在这个年纪成为总统，算是非常年轻的了。1904年，西奥多成功连任。

西奥多曾在一次演讲中说了一句至理名言："温言在口，大棒在手。"他用这句话来形容自己所提倡的外交政策，后来又发展成了"大棒加胡萝卜政策"。他的比喻非常形象，人们也因此将他称为"大棒罗斯福"。西奥多积极推行对外扩张计划，在他的强权统治下，拉丁美洲国家对美国服服帖帖，美国的实力迅速增强，在国际社会的地位也愈发提高。

西奥多在任期间还推行了"托拉斯"政策，通过了一些保护劳工的法案，有效地维护了社会公众利益。1905年，西奥多主持了日俄战争的和平谈判，促使两国放弃了战争，为维护世界和平做出了重要贡献。因此，西奥多获得了1906年的诺贝尔和平奖。

西奥多卸任后，过起了含饴弄孙的幸福生活。除了这位总统外，罗斯福家族还产生了另一名总统——富兰克林·罗斯福。

论起辈分来，富兰克林是西奥多的远房侄子。1882年1月30日，富兰克林出生于纽约州的一个富有的贵族家庭。他的骨子里遗传了罗斯福家族的政治基因，从上学时候起，就对政治有着浓厚的兴趣。1904年，富兰克林毕业于哈佛大学，接着又进入哥伦比亚大学学习法律。1907年，富兰克林进入一家著名的律师事务所当书记员。

其实，学习法律的很大原因在于富兰克林对政治具有浓厚兴趣。他希望能以此为阶梯，步入美国的政坛。工作之余，他向同事坦言不会一辈子搞法律，只有要机会就会去竞选公职，那才是他所追求的目标。甚至从那时候起，总统梦就已经在他心中生根发芽。

梦想本身并没有什么能量，但是只要它存在，我们就有希望、有方向。1910年，富兰克林当选为纽约州参议员，向实现自己的政治梦想迈进了一步。1920年，富兰克林接受民主党副总统候选人提名，参加全国竞选。不过，民主党在这次大选中落败，这对富兰克林来说是一个不小的打击。

富兰克林决定暂时离开政界，做个短暂的调整。他来到了纽约商会，在这里能得到25000美元的巨额年薪。1921年的夏天，他和家人一起在缅因州的坎波贝洛岛度假。富兰克林并不知道，一场影响终生的噩梦正等待着他。

有一次，富兰克林在冰冷的海水里游泳，随后双腿突然麻痹。经过诊断，医生告诉他，他患上了脊髓灰质炎（俗称小儿麻痹症）。由于当时的医疗条件有限，39岁的富兰克林再也不能用双腿行走，此后的生命里，只能与轮椅为伴。

不过，肉体的打击并没有磨灭富兰克林的意志。富兰克林坚强地熬了过来，乐观地对待这场劫难。起初，人们都以为富兰克林的政治生涯也随着这场病的到来而终结了，但是在1924年的民主党全国代表大会上，人们再次见到了这个熟悉的身影。富兰克林在儿子詹姆斯的搀扶下来到了大会现场，并为争取艾尔·史密斯的提名发表了"快乐勇士"的演说。

他的坚强与达观深深地打动了人们，在党内、公众中乃至新闻界赢得了一致好评。

1928年10月3日，富兰克林接受了纽约州州长提名。为了能让选民看到他的良好形象，他想出了很多身体动作及行动方法。当选民看到这个意气风发的又富有亲和力的人时，简直不敢相信他是一名残疾人。这一年，富兰克林当选为纽约州州长。

任职期间，富兰克林推行了美国历史上首次社会救济福利计划，在人民之间赢得了广泛好评，这也是他后来成功连任州长的重要原因之一。

1929年10月，历史上最大的经济危机以纽约为中心爆发开来，资本主义世界遭遇了前所未有的灾难。经济大萧条的阴影笼罩着美国，直到1932年，美国经济依然毫无起色。这一年，富兰克林作为民主党候选人参加了总统大选，并针对经济大萧条提出了实行新政与振兴经济的可行纲领。

政敌们纷纷用残疾问题来攻击他，不过富兰克林对此毫无畏惧。他凭借着出色的政绩与卓越的口才赢得了选民们的喜爱与支持。他在演讲中乐观而诙谐地说："一个州长不一定是一个杂技演员。我们选他并不是因为他能做前滚翻或后滚翻。他做的是脑力劳动，是想方设法为人民造福。"

富兰克林的坚强与乐观深深地感染了人们，他所提出的政策也更令人们充满期待。这一年，他以绝对优势战胜了竞争对手胡佛，成为了美国的新总统。

1933年3月4日，在宣誓就职的演说中，富兰克林慷慨激昂地说道："我们唯一害怕的就是恐惧本身！"他的热情与乐观让人们看到了希望，他在经济大萧条的泥潭里为国家找到了一条出路。

富兰克林就任总统后立即开始了以救济、改革、复兴为主要内容的"罗斯福新政"，用政府的宏观调控手段干预经济，大胆地实行财政赤字，发展公共事业，以此来刺激经济发展。

一个好汉三个帮，富兰克林虽然对自己足够自信，但还是邀请了一批有名的律师、专家以及学者组成了自己的智囊团，经常向他们征询一些有关方针政策方面的意见。他与人民亲密互动，时刻关注着人民的生活，一切方案都从现实出发。

1933年3月9日至6月16日，美国国会召开特别会议，富兰克林总统先后提出了各种咨文，以此敦促国会的执法工作。国会迅速通过了《紧急银行法》《联邦紧急救济法》《农业调整法》《国家工业复兴法》《田纳西河流域管理法》，等等。在他的努力下，萧条已久的经济终于有了复苏的希望。

"罗斯福新政"成了这场经济浩劫的救星。富兰克林大胆地实行美元贬值，以刺激对外贸易；限制农业生产，以维持农产品价格，避免农场主破产；运用行政干预，实行缓慢的通货膨胀；广泛开展公共工程建设及紧急救济，实施社会保险，扩大就业机会；要求企业根据纳税能力纳税……

这些举措使美国的工农业全面复苏，在第一个任期结束时，美国国民收入增长高达50%。人民终于对美国的政治制度恢复了信心，联邦政府的威信得以加强。在1936年的总统大选中，富兰克林顺利连任。

除了经济上的辉煌政绩外，富兰克林在外交上也取得了累累硕果。

1933年，罗斯福政府承认苏联，并与其建立外交关系。提出了"睦邻政策"，希望能与拉丁美洲国家建立和谐友好的邻邦关系。另外，罗斯福政府还对拉美国家进行了政策调整，在政治上主张任何美洲国家不得干涉其他美洲国家的内政；在经济上主张奉行美洲国家之间的互惠贸易协定。

20世纪30年代中期，德、日、意法西斯分别在欧洲和亚洲形成了两个战争策源地，而当时的美国一直保持中立，这无异于对法西斯主义的默许。为了能改变这种状态，富兰克林做了诸多努力，以引导公众做好反抗法西斯战争的准备。1937年，富兰克林在一次演讲中首次向公众发出了这个信号："当某种传染性疾病开始蔓延的时候，为了保护人民的健康，防止病疫流行，社会许可并且应共同对患者实行隔离。"他所说的"传染性疾病"，实际上暗指战争，"战争也会蔓延。战争可以席卷远离原来战场的国家和人民。我们决心置身于战争之外，然而，我们并不能保证我们不受战争灾难的影响和避免卷入战争的危机"。

这场演讲被称为"隔离演说"。虽然遭到了猛烈的抨击，但是富兰克林不以为然。无论如何，他迈出了反法西斯战争的第一步，尽管人们表示拒绝，但是潜意识里已经开始接受。

1940年5月，英法联军被德军击败，富兰克林向国会提出追加国防拨款的要求。当英国战事陷入绝境之中时，罗斯福政府向他们伸出了援手，为其提供了大量的武器装备，使英国渡过了难关。

1940年，美国迎来了四年一度的总统大选。在当时，富兰克林的全部精力都集中在了扩充军备上，在他的努力与坚持下，国会批准了陆海军的扩充提案，全国开始大范围征兵。在这个关键时期，富兰克林在内心是不愿卸任的，但是此前还从来没有哪位总统任期超过两届。不过，他愿意做一次尝试。为此，他想了一个两全其美的办法：先通过参议员艾尔本·巴克利向提名会议发表声明，宣布他没有再担任下一届总统的意向，并敦促代表们选举他们中意的候选人。随后，他又通过参议员利斯特·希尔把自己的名字列到提名名单上。

果然，富兰克林第三次当选为美国总统。

在富兰克林的努力下，美国与反法西斯战争逐渐靠近。1941年3月11日，国会通过的《租借法案》（即总统有权将武器装备租借给与美国安全有关的国家）经罗斯福总统签署生效。这是美国向反法西斯战争迈出的一大步，对于反法西斯战争有着重要意义。1941年6月22日，德国入侵苏联，富兰克林就此发表讲话，对德国予以强烈谴责，并表示将援助苏联。12月7日，日本偷袭珍珠港，太平洋战争随之爆发，美国由此向日本宣战。次日，作为日本盟国的德国与意大利向美国宣战，美国正式加入到了反法西斯战争中。

对于第二次世界大战，美国的加入有着重要意义。美国武器精良，作战技术高超，他们的加入加快了战争胜利的进程。1944年，反法西斯战争胜利在望。在这个关键时刻，美国的总统大选再度临近。从美国到世界，舆论上普遍认为美国不应在这个节骨眼上更换总统，由富兰克林连任总统已是民心所向。而罗斯福总统本人也希望能继续担任总统，完成未竟的国家事业。

对此，共和党表示抗议，甚至抨击富兰克林已经是"疲惫不堪的老人"。为了证明自己健康状况良好，富兰克林公开了医生为他开的健康证明。

共和党的反对声淹没在全国乃至世界的一片支持声中，富兰克林·罗斯福在大选中获胜，第四次担任了美国总统。

然而，遗憾的是，富兰克林在第四个任期中只担任了73天职务，就在佐治亚州突发脑溢血去世了。

为国家事业鞠躬尽瘁的罗斯福总统，是千千万万的美国人缅怀的英雄。美国在"二战"之后成为了世界顶尖的强国，这与罗斯福总统的努力密不可分。罗斯福总统的孩子们也都成了社会上的精英人士，"二战"期间，他曾把五个儿子全部送上了战场。后来，他的三儿子艾略特·罗斯福当了迈阿密市市长，四儿子小富兰克林·D.罗斯福成为了纽约市国会议员。在美国的政商两界，到处都有罗斯福家族成员的影子，他们为美国的经济建设与国家发展做出了重要贡献。

肯尼迪家族

1848年，一个刚刚26岁的穷苦的爱尔兰人漂洋过海，来到了美国的波士顿。一个家族的传奇，也由此开始。

这个年轻人叫作帕特里克·肯尼迪。来到美国后，他在一家制桶厂找到了工作，赚了些钱后成了家。妻子为他生下了一个男婴，名叫帕特里克·约瑟夫·肯尼迪。然而，遗憾的是，10年之后，帕特里克·肯尼迪因为感染了霍乱而去世。

帕特里克·约瑟夫与母亲相依为命。稍稍长大，他就退学去码头当起了搬运工，肩负起赚钱养家的重任。有了一些积蓄后，帕特里克·约瑟夫开了一家啤酒馆。在他的精心打理下，酒馆生意蒸蒸日上。之后，他弃商从政，成功地竞选上州议会议员，后来，他与一位酒店老板的女儿结了婚。没多久，妻子为他生下一个儿子。帕特里克·约瑟夫为儿子取名约瑟夫·肯尼迪，并对他进行了悉心的培养。约瑟夫·肯尼迪长大后进入了哈佛大学，成绩非常优秀。

大学毕业后，约瑟夫先后在银行业、造船业及电影发行业工作过，

30多岁的时候就成为了百万富翁。后来，他把家迁到纽约，开始向政界进军。

约瑟夫对政治活动非常关心，那时候，他注意到了一位非常有潜力的总统候选人——富兰克林·罗斯福。他相信，这个人正是人们所需要的领袖，他必将成为美国总统。

富兰克林·罗斯福担任总统后，任命约瑟夫为新成立的证券管理委员会主席。1935年，他请人代笔写了一本关于竞选的书《我支持罗斯福》，然后满怀热情地将这本书寄给了罗斯福总统。罗斯福收到书后，给他回复："书不错，我很高兴"。这封简短的信笺成了约瑟夫的宝贝，他将其进行了精致的装裱，然后挂在家里的墙壁上，每当有客人来访时，他总要炫耀一番。

1937年，罗斯福总统任命约瑟夫出任驻英国大使。不过，虽然约瑟夫有着精明的商业头脑，对政治也有着浓厚的兴趣，但是他在政治上的能力显然不如经商，在英国工作不到三年，就被召回国了，从此政治生涯也宣告终结。

不过，约瑟夫将希望寄托到了四个儿子身上，他希望他们能够进军政界，更希望他们中能有人成为美国的总统。

总统梦成了肯尼迪的家族梦想。孩子们在父亲的夙愿中长大，从小就被父亲灌输了政治的血液。有一次，在教堂中约瑟夫一边祈祷一边发誓：我已经登上了财富的巅峰，我一定要让儿子登上权力的巅峰。

他与妻子育有9个孩子，其中有4个是男孩：大儿子小约瑟夫·肯尼迪、二儿子约翰·肯尼迪、三儿子罗伯特·肯尼迪、四儿子爱德华·肯尼迪，他们从小就担负着实现父亲的总统梦的重任。

约瑟夫向着总统的方向培养着儿子们。他知道，要想让儿子成为总统，就必须让儿子有钱，然后才能有地位。因此，他设立了一些信托基金，为孩子们和妻子每人提供2000万美元。

约翰·肯尼迪是约瑟夫的次子。在人们的印象中，他是个年轻有为、意气风发的人，但是人们并不知道，他的一生都在与疾病做抗争。三岁那年，他患上了恶性猩红热，后来又患上了爱迪生氏症。他担心健康问题会影响到政治前途，所以一直都对自己的医疗史进行严格的保密，并长期服用类固醇类药物来抵御爱迪生氏症所带来的疲惫、虚弱，还要依赖大量的镇静剂、止痛药、睾丸素、安眠药、抗生素等来抵御其他并发症。

1936年7月，肯尼迪进入哈佛大学学习。毕业后，他又到斯坦福大学商学院进行深造。

在他们兄弟四人中，父亲对哥哥小约瑟夫·肯尼迪寄予的希望最大，并一直致力于将他培养成美国的总统。然而，不幸的是，在第二次世界大战爆发后，小约瑟夫·肯尼迪在英国战场上执行任务时不幸牺牲。在悲痛中，肯尼迪接过了维护家族名望的重任。1946年，肯尼迪参加了众议院选举。尽管民主党的形势不容乐观，但是肯尼迪还是杀出重围，取得了胜利。

在众议院中，肯尼迪反对塔夫托·哈特利劳工法（即哈特利提案），并发起了国家退伍军人住房会议。1948年11月，他再次当选为众议员。

1952年，肯尼迪参加了参议员的竞选。他提出了"肯尼迪将为马萨诸塞做的更多"的口号，以51.5∶48.5的得票率战胜了强劲的对手亨利·洛奇。

他肩负着父亲的愿望，这一路走来，始终以担任总统为自己的终极目标。然而，忙碌的生活，却让他的身体越来越差。1953年7月，他感到一阵阵的剧痛从背部传来。1954年4月，他进行了X光检查，发现他的第五腰椎已经断裂。10月21日，他进行了一场长达三个多小时的手术。医生将一个金属盘插进了他的腰椎，以固定脊椎骨。然而没多久，金属盘又被感染，他只好又经历了一次痛苦的手术将其取出。

在这以后的两年中，肯尼迪曾多次面临生命的威胁，先后四次接受天主教的终傅圣事（基督教会的一项古老圣事，由司铎在危重病人身上涂抹经过祝圣的橄榄油，象征将病人付托给基督并求赐与安慰和拯救）。

身体的折磨并没有让肯尼迪退缩，反而磨炼了其坚强的意志。1956年，他写下了《我的病中体会》一书，后来更名为《当仁不让》。他在书中讲述了美国历史上8位著名参议员的职业生涯，一经出版，迅速成为畅销美国乃至世界的图书。1957年，该书荣获普利策传记作品奖。

或许多年前从政，肯尼迪是为了实现父亲的梦想，但是多年过去，父亲的梦想已经成为了他自己的梦想。虽然没有多少把握，但他还是决定参加1960年的总统大选。

在当时的美国，很多年轻人热烈地喜爱着肯尼迪。这个年轻有为的人如同一颗闪闪发亮的星，让人们看到了希望。他反对种族隔离，敢于应对来自于苏联的挑战，他身上所呈现出的勇敢与坚强，让每一个人都由衷地钦佩。

1957年，肯尼迪收到的演讲邀请函多达2500份，平均每两天就要进行一次演讲，足迹遍布美国各个地区。1958年，他平均每个星期收到的演讲邀请函多达100份，民主党领导人大多认为，肯尼迪很有可能参加总统竞选。

不过，肯尼迪太年轻，有人建议他竞选副总统，这样胜算更大一些。但肯尼迪并没有接受这个建议，他说："我没有兴趣竞争副总统，我的兴趣是竞选总统。如果我要当选总统，我就会在1960年成功。如果我这次不成功，那么我可能要等上8年时间，那时会出现一些新的面孔，而我就会靠边站。"

不过，太早宣战容易招致政敌的攻击，因此肯尼迪迟迟没有公布参选的决定。不过，他已经为参选展开了紧锣密鼓的准备，到处发表演讲，以赢取民众的支持。他的弟弟罗伯特·肯尼迪特意放弃了在参议院的工作，担任了竞选运动的经理。总统梦想是他们的家族梦想，他们期待着肯尼迪能获胜，并为赢得这场没有硝烟的战争而全力以赴。

1960年1月2日，肯尼迪在参议院秘密会议厅中向300名支持者正式宣布了参选的决定。4月5日，肯尼迪在威斯康星州的初选中获得了56.5%的支持率。民间对肯尼迪的支持率非常高，使他顺利获得了总统候选人的提名。

不过，这并不代表接下来的竞选路会一帆风顺。肯尼迪信仰天主教，很多人都对天主教徒能否公正地履行总统职务而深表怀疑。为了消除选民心中的疑虑，1960年9月12日，肯尼迪在休斯顿对一群新教牧师的演讲中公开表示："我不是天主教的总统候选人，我是民主党的候选人，只是恰好还是个天主教徒。在公共事务上我不是代表我的教派——教派也不代表我。"

这次演说得到了很好的反响。1960年11月8日，美国总统大选如期举行，肯尼迪以微弱的优势战胜了强劲的对手尼克松，成为了美国的第35任总统。

1961年1月20日，肯尼迪宣誓就职。

肯尼迪家族的总统梦终于在他的身上得以实现，而这一年，肯尼迪刚刚43岁，是美国历届总统中就任时最年轻的一位。

肯尼迪的就职演说曾轰动一时，曾有人说，他的就职演说与富兰克林·罗斯福的第一次就职演说是20世纪最令人难忘的两次美国总统就职演说。肯尼迪没有在演说中讨论冷战、美苏关系等问题，而是以一种热情乐观的基调，来呼吁民众承担更多的义务："我要让每一个国家，无论他们对我们抱着善意还是敌意，我们将付出所有代价、担负所有责任、面对所有艰难、支持所有朋友、对抗所有敌人，来确保自由的生存与成功。""我们所付出的精力、信仰和忠诚将照亮我们的国家及为国效劳的人民，而它所发出的光芒也能真正照亮全世界。""不要问你的国家能为你做些什么，而要问一下你能为你的国家做些什么。"

肯尼迪呼吁人们团结起来，共同对抗专制、贫穷、战争与疾病。这场慷慨激昂的演讲，唤起了美国民众的热情。此后的民意调查显示，已经有75%的美国民众认可了这位新总统。

当时，美国的种族歧视问题非常严重。尽管美国联邦最高法院已经规定，在公立学校实施种族隔离制度是违背宪法的，但是在很多校园里，尤其是美国南部的学校，种族歧视问题依然非常严重。在公交车上、餐厅里、电影院中甚至厕所里，到处都存在着种族歧视问题。

为了解决这个问题，肯尼迪做了诸多努力。那时，著名的民权运动领袖马丁·路德·金已经被判刑入狱，之后再肯尼迪和弟弟——司法部长罗伯特·肯尼迪的努力下，马丁·路德·金得以提前释放。肯尼迪还曾致电马丁·路德·金的妻子，对他们表示支持。

1963年6月11日，阿拉巴马州州长乔治·华莱士在亚拉巴马大学教室门口截住了两名非洲裔学生薇薇安·马龙·琼斯和詹姆斯·霍德，阻止他们进入教室和白人学生一起上课。肯尼迪总统对此事进行了干预，当晚，他通过电视台及广播发表了讲话，呼吁国民反对种族隔离，强调肤色不能代表一个人的身份。

除了种族问题以外，当时美国的妇女受歧视的现象也比比皆是。为了保护妇女权益，肯尼迪签署行政命令，建立了妇女地位总统委员会。

科学技术引领着一个国家的综合国力，肯尼迪希望美国能在太空竞赛中领先，而此前，苏联一直略胜于美国。1961年5月25日，肯尼迪发表了关于登月计划的演说："首先，我深信我们的国家将在这个十年结束前完成一个目标，即让宇航员登陆月球并安全返回。没有任何单一的航天计划会比这个更能令人们振奋，也没有任何计划比这个对远程宇宙探索更重要，也没有任何计划像登月一样昂贵且充满挑战。"

肯尼迪非常重视登月计划。1969年7月20日，美国人终于登上了月球，成为首个登月国家。

遗憾的是，为此做出重要贡献的肯尼迪总统却没能等到那一刻的到来。1963年11月22日中午12点30分，肯尼迪总统到得克萨斯州的达拉斯市进行访问，在乘坐一辆敞篷汽车游街拜会市民时，在一个拐弯处突然被早就埋伏在那里的枪手开枪击中头部和颈部。所有人都惊慌失措，坐在他旁边的杰奎琳·肯尼迪夫人惊惧地抱住丈夫，鲜血流了她一身。在赶往医院的途中，年仅45岁的肯尼迪总统不治身亡。

肯尼迪总统被刺杀让美国人民悲恸欲绝，很多人在得知消息的那一刻失声痛哭。肯尼迪是美国历史上支持率最高的总统，人们高声呼吁：一定要将凶手绳之以法。然而，令人费解的是，肯尼迪总统的遇刺，却随着数位与该案有关的证人的离奇死亡，而成为了难解的谜案。

在肯尼迪遇刺数小时后，警方抓获了嫌犯李·奥斯瓦尔德，然而仅仅两天，这个人也被枪杀。在肯尼迪遇刺后的三年中，18名关键证人相继死亡：其中6人遭枪杀，3人死于车祸，2人自杀，1人被割喉，1人被拧断了脖子，还有5人"自然"死亡。这使得案情愈发扑朔迷离，在以后的数年中，人们一直试图解开这个谜团，却始终没有确切的结果。

或许，只有时间能给这个谜团以答案，抑或是会让其成为永远的悬案。受千万人爱戴的肯尼迪总统，在美国人心中成了永远的痛，而他的光辉政绩却流传下来，直到今天，依然令人受益。

克林顿家族

与亚当斯家族、罗斯福家族等政治世家相比，克林顿家族稍显逊色，在比尔·克林顿以及他的妻子希拉里·克林顿投身于政治之前，这个家族还没有出过政界要员。不过，仅仅是克林顿夫妻俩的战绩，就已经足够令人震撼，甚至极有可能缔造"夫妻总统"的神话。

1946年8月19日，比尔·克林顿出生于阿肯色州的霍普。在他出生的前三个月，他的父亲在一场车祸中去世。所以，克林顿从未见过父亲。在他出生没多久，他的母亲弗吉尼亚·德尔·卡西迪去了新奥尔良，在那里学习护理，将小小的克林顿托付给了开杂货店的父母。

克林顿跟着外祖父母生活了四年。1950年，他的母亲弗吉尼亚从护士学校回到霍普，后来与温泉城的汽车经销商罗杰·克林顿结为夫妻。从那以后，克林顿与母亲和继父一起生活在温泉城。15岁那年，克林顿正式把姓氏改成了"克林顿"，跟随继父的姓氏。

1956年，克林顿有了一个弟弟小罗杰。从表面上看，这是一个幸福的四口之家，然而，克林顿的成长经历中却充满了辛酸与无奈。继父是个嗜酒如命的家伙，每逢酒醉，发起酒疯来便会疯狂地殴打弗吉尼亚、克林顿和小罗杰。

克林顿的成绩非常优秀。1962年，他作为阿肯色州的学生代表，到首都华盛顿出席了全国青少年团体代表大会。1964年，他就读于乔治敦大学的外交专业。视野的开阔，让他渐渐萌生了从政的想法。读大学期间，他便对政治产生了浓厚的兴趣，不仅担任了大学学生会主席，还曾协助联邦参议员威廉·富布赖特工作。

1968年，克林顿从乔治敦大学毕业，以优异的成绩获取了罗兹奖学金，前往英国牛津大学深造。两年后，他考入耶鲁大学，在那里攻读博士学位。

耶鲁大学汇聚了全世界顶尖的精英人才，在这里，克林顿有了更明确的人生规划。不过，他没有想到的是，在这里还有一份意外的收获等待着他，那就是爱情。

克林顿像一颗闪耀的星，无论走到哪里都会引起人们的注意。他的风趣谈吐造就了他的好人缘，站在人群中，他永远是最受欢迎、最显眼的那一个。

在耶鲁大学，有一个和他一样的社交明星——希拉里·罗德姆，她比克林顿早一年来到耶鲁大学，是法学院的一名研究生。在她进入耶鲁大学的那一年，耶鲁大学法学院共录取了235名学生，其中女生仅有27名，而希拉里便是其中一个。她有着与克林顿相似的优秀品质，虽然是个女孩，却不喜欢涂脂抹粉地打扮自己。腹有诗书气自华，尽管她穿着随意，但是内在的气质却流露在面庞上，那是一种独特的人格魅力，令见者为之倾倒。

希拉里的同学们都觉得，这个与众不同的女生一定会走入政坛。

希拉里和克林顿一样热爱政治，在耶鲁大学与政治有关的事件中，总会有希拉里的身影。在各种活动的历练中，希拉里迅速地成长着。从小，她就比身边的同龄人早熟，当别的孩子还在玩布娃娃的时候，她已经沉浸在知识的海洋中了。在遇见克林顿之前，她曾谈过两次恋爱，但是都没有什么结果。直到克林顿出现，她才确定了这一生的归宿。

两个人都是校园里的明星，早就听说过彼此，只不过一直没有机会正式相识。有一次，在法学院的学生休息室里，两个人恰巧都在那里。那时，克林顿正在和同学们高谈阔论，洪亮的声音立即吸引了不远处的希拉里的注意。希拉里悄悄地打听到他的名字，得知这个人就是克林顿。不过，那时候他们还没有正式相识，只不过每次在校园里邂逅时，两人都会在心中轻轻呼出对方的名字，然后擦肩而过。

1971春天的一个晚上，他们不约而同地来到学校图书馆里自习。两个人都注意到了对方，但是依然没有说话。克林顿频频看向希拉里，他早就想结识这个特殊的女生了，只是一直没有机会。正在他酝酿着该用怎样的开场白时，却看见希拉里落落大方地走了过来。那一刻，他的心不禁狂跳不已。

原来，希拉里早就注意到了克林顿灼热的目光，于是干脆主动走过来，坐到克林顿对面优雅地进行了自我介绍。克林顿强压着内心的惊喜，也绅士地介绍了自己。

两个人聊得非常投缘。从那以后，克林顿经常想方设法接近希拉里，一段美好的姻缘，便悄然缔结。他们在很多方面吸引着彼此，对一些事物也很有共同语言。克林顿有着深厚的艺术修养，对一些艺术作品也有自己独到的见解。越是深入地了解彼此，他们对彼此的吸引力也越强。有一次，希拉里生了病，克林顿知道后急急忙忙带了鸡汤和橘子汁去看望她。他们互相关心着，互相学习着，两个人一起进步，一起追逐着共同的梦想。

在耶鲁大学时，他们曾一起招募志愿者为麦戈文拉选票。两个人的口才都极好，又有着超强的人格魅力，当他们走到一起时，各自的力量都放大了数倍。

克林顿的目标非常明确——竞选阿肯色州州长。大学毕业没多久，克林顿便与希拉里步入了婚姻的殿堂。希拉里追随丈夫来到了阿肯色州，在这里开始了新的生活。

1976年，克林顿担任了阿肯色州司法部长一职。1978年，克林顿参加了阿肯色州州长选举，并成功当选。

在担任州长期间，克林顿努力推动教育改革，在经济发展方面也取得了显著成就，并被选为美国南部经济发展政策委员会主席，兼任全美州长联席会议主席。随着阅历越来越丰富，克林顿把目光投放到了政治生涯的巅峰——总统上。

克林顿决定参加1992年的总统选举。当时，老布什连任的可能性非常大，民主党内的其他几位对手也都很有实力，克林顿当选的机会非常渺茫。不过，他还是愿意尝试一次，既然心中有这个梦想，那就一定要去实践，无论成功与否，努力过才不会后悔。

当时，老布什政府刚刚赢得了海湾战争，所以老布什在全世界有着极高的声望。这种声望让那些打算竞选总统的人望而生畏，干脆放弃了参选。没想到，克林顿在初战中不战而胜，顺利地得到了民主党内的总统候选人提名。

在竞选筹备中，克林顿从人民的角度出发，在很多民众所关心的问题上下了一番苦功夫。他亲自到选民中间了解情况，与选民亲密互动。他的幽默达观给选民留下了极好的印象，支持率迅速上升。

1992年11月4日，刚刚46岁的比尔·克林顿赢得了总统大选，成为了美国的第42任总统。

为了各自的利益，政敌之间总会互相揭短，彼此攻讦。克林顿被爆出了与莱温斯基的性丑闻事件，与希拉里的婚姻也差点儿走到了尽头。不过，希拉里还是选择了以大局为重。如果她选择离婚，那么她与克林顿的政治仕途都将就此终结。

希拉里帮助丈夫渡过了难关。1996年，克林顿在连任竞选中获胜。

长久以来，希拉里都是站在克林顿身后，为克林顿的梦想而奋斗着的。渐渐地，希拉里开始渴望走出丈夫的光环，希望能做一番属于自己的事业，而克林顿对此也非常支持。

2000年2月，希拉里当选为美国参议院议员，成为第一位获得公职的第一夫人，同时也是纽约州首位女参议员。同年11月7日，她当选为国会参议员。

　　作为一个杰出女性，希拉里非常受女性的欢迎。她是个女权主义者，对妇女地位问题非常关心。因此，很多女性选民都将自己的票投给了希拉里。

　　在美国的历届总统中，还从来没有女人出现过，而希拉里则有望打破这个传统。2007年1月20日，希拉里在自己的个人网站中宣布：她正在组建一个竞选总统研究委员会，为2008年的总统大选做准备。

　　这个消息让人们振奋不已。或许，美国需要一个女总统，而希拉里正是最合适的人选。然而，遗憾的是，在这次竞选中，希拉里没能战胜年轻有为的奥巴马。

　　不过，奥巴马对希拉里非常赏识，并提名希拉里为美国国务卿。2009年1月21日，希拉里正式就职。

　　克林顿渐渐隐到了幕后，而希拉里则落落大方地走了出来。在她担任国务卿期间，总共出访了112个国家，是美国历史上出访次数最多的国务卿。

　　2013年2月1日，希拉里卸任，结束了国务卿的忙碌生涯。不过，这并不代表她的政治生涯终结，在她心中，那个总统梦依然闪现着耀眼的光。2015年4月12日，希拉里正式宣布：她将参加2016年的美国总统大选。

　　这是她第二次向白宫冲刺。为了获得选民的支持，她开始了紧张的筹备工作。政治是她的血液，当她为政治而奔忙时，仿佛又年轻了许多。

　　或许，美国的首位女总统就要诞生了。

后记

时间的羽翼伸展，散尽了多少硝烟。政治如同身边的空气，看不见，却时刻都在。

有人说，小布什的辉煌成就是家族的荣耀光圈使然。然而，这是因为他们没有看到他的努力、他的艰辛。

他有过一场叛逆的青春。那些年，他在美酒的味道中迷醉，在美女堆里流连，蹉跎了岁月，靡费了年华。所幸，他迷途知返，浪子回头，在他而立之年找到了生命的归宿，寻到了人生的方向。

多少人羡慕他能出生在这个万众瞩目的家族，羡慕他降临尘世的那一刻起就拥有了庞大的政治背景。然而，家族的影响却令他苦恼不已，这个无上荣耀的圈子，别人想进都进不来，他却拼命地要跳出去。

他要做独立的乔治·沃克·布什，做真真正正的自己。

他做到了。他用实际行动证明了自己的实力，让人们相信，他的成功，不是靠所遗传的高贵血统，而是靠自己的双手。

布什家族是美国的一个传奇。虽然小布什早已卸任，过着安逸的退休生活，但是他的弟弟杰布·布什却成了一颗冉冉升起的新星，将布什家族的光辉再次放大。

当人们得知杰布将竞选总统时，纷纷为他叫好。如果他在这场大选中胜出，布什家族的成员将第六次在白宫宣誓。

2016年的美国总统大选即将到来，虽然还不知道最终的结果如何，但是我们仍会为他祝福。

图书在版编目（CIP）数据

布什王朝：主宰美国的豪门世家 / 吴韵汐著 .—北京：时事出版社，2016.4

ISBN 978-7-80232-921-8

Ⅰ.①布… Ⅱ.①吴… Ⅲ.①布什-家族-史料 Ⅳ.① K837.120.9

中国版本图书馆 CIP 数据核字（2015）第 294041 号

出 版 发 行：时事出版社
地　　　　址：北京市海淀区万寿寺甲 2 号
邮　　　　编：100081
发 行 热 线：（010）88547590　88547591
读者服务部：（010）88547595
传　　　　真：（010）88547592
电 子 邮 箱：shishichubanshe@sina.com
网　　　　址：www.shishishe.com
印　　　　刷：北京建泰印刷有限公司

开本：787×1092　1/16　印张：18　字数：272 千字
2016 年 4 月第 1 版　2016 年 4 月第 1 次印刷
定价：35.00 元
（如有印装质量问题，请与本社发行部联系调换）